Rainer Lienemann

„Bonjour Toubab!"

Impressum:
© Rainer Lienemann 2025
alle Fotos: R. Lienemann
Zeichnungen: Stefan Lenz (S. 56, 83, 88)

Verlag:
BoD · Books on Demand GmbH,
Überseering 33, 22297 Hamburg,
bod@bod.de
Druck:
Libri Plureos GmbH,
Friedensallee 273, 22763 Hamburg
ISBN: 978-3-7693-2537-9

Rainer Lienemann

„Bonjour Toubab!"

Neue Reiseimpressionen aus dem Senegal

Inhaltsverzeichnis

Vorwort

Bei der Durchsicht der vorliegenden Texte aus den Jahren 2009 - 2025 fällt mir – im Unterschied zu den Texten in "Weisheit im Buschtaxi" – ein deutlich kritischerer Blick und Unterton auf, der mir beim Schreiben nicht so bewusst war. Das Neue und Ungewöhnliche der Reisesituationen tritt in den Texten zurück: Die zahlreichen Begegnungen und Unterhaltungen sowie eine Reihe persönlicher Erfahrungen haben den Blick vertieft und das Interesse an einzelnen Menschen, ihren Schicksalen und ihren Lebenskonzepten gefördert. Wiederholte Begegnungen, auch mit zeitlichem Abstand, ermöglichten mir Einblicke in das Gelingen oder Scheitern von Lebensentwürfen und in die vielfältigen Schwierigkeiten des überall praktizierten Sichdurchschlagens. Mein Dank gilt all den Menschen, die mir Ausschnitte ihrer Lebensgeschichten mitteilten.

Deutlicher wurde auch, in welch hohem Maße das Leben der Senegalesen durch starke Widersprüche wie Stadt und Land, Alt und Jung, Tradition und Moderne, Technik und Aberglaube, Armut und Reichtum geprägt ist. Zu einem vertieften Verständnis half mir hierbei das intensive Zeitunglesen während meiner Aufenthalte in den Großstädten.

Sobald der Blick ein wenig hinter die Fassade und über Kurzkontakte hinausgeht, geraten auch Aspekte des täglichen Lebens in den Fokus, die komplexer sind.

Die kritische Sichtweise tut meiner grundsätzlich offenen und zugeneigten Haltung zu Land und Leuten keinen Abbruch, nimmt nur etwas von der Unbefangenheit und fördert eine kleine Ernüchterung. Andererseits erscheinen manche Verhaltens- weisen verständlicher und "menschlicher" – und wieder einmal stellt sich das Gefühl ein, vielleicht doch etwas mehr von den Menschen in Westafrika verstanden zu haben …

MENSCHEN

Ibi

Ibi ist nett. Ibi hat eine kleine Bar am Strand von Abene; er ist kein Geschäftsmann, kein Macher, keiner, der die Energie hat, etwas Größeres als die ärmliche Strandbude aufzubauen, in der er Tag und Nacht anzutreffen ist. Selbst dieses kleine Geschäft zu besorgen, scheint ihm schwer zu fallen. Der "Tisch" – eine Holzplanke auf zwei Baumstümpfen – ist meist unaufgeräumt. Die leeren Bierflaschen und die wenigen wackeligen Stühle stehen am nächsten Morgen genauso dort, wie sie am Abend verlassen wurden. Ibi wirkt immer ein wenig ungepflegt, schläft im hinteren Teil der 20 qm kleinen Hütte, wo sich auch Kochecke und Hühnerstall befinden. Wer mittags unangemeldet kommt, muss etwas warten, Ibi liegt dort auf seiner Matte und hält Siesta. Aber er ist nett, steht bereitwillig auf, streckt sich und begrüßt den Kunden lächelnd.

Meist ist ein Freund von Ibi da; abends kommen mehrere Freunde. Sie blättern in deutschen oder englischen Katalogen, suchen sich irgendwelche Elektronikgeräte oder Autos aus und diskutieren darüber. Joints machen die Runde, auch ein alkoholisches Gebräu, das billiger ist als das hier verkaufte Bier.

Ibi, eigentlich Ibrahima, freut sich, wenn Gäste kommen, gibt ihnen breit lächelnd die Hand: "Ah, my friend! How are you?" Zwar ist er Senegalese, Diola aus Mlomp, keine 40 Kilometer entfernt, spricht aber lieber das gambische Basic-English. Er war lange nicht mehr in seinem Heimatdorf und freut sich, als ich ihm erzähle, dass ich dort mal durchgefahren bin. Er ist immer auf ein kleines Gespräch eingestellt und kann warten, bis sein Kunde sagt, was er wünscht; eigentlich habe ich ihn kein einziges Mal fragen gehört, was ein Gast möchte.

Ibi ist nett, manchmal auch etwas verlegen; er entschuldigt sich mehrfach, wenn das Bier nicht kalt oder gerade ausgegangen ist. Den Öffner für die Bierflasche muss er meist suchen; es ist nur einer da, und der hat keinen bestimmten Platz.

Obwohl Ibi minimale Ausgaben und keine eigene Familie zu versorgen hat, klagt er, dass er kaum über die Runden komme. In der Regenzeit, wenn sich keine Touristen in Abene aufhalten, arbeitet er gelegentlich als Fischergehilfe in Gambia.

Wie in allen kleinen Geschäften hier, ist auch bei Ibi das Wechselgeld knapp oder nicht vorhanden. In seiner Bar kann man anschreiben lassen: Ibi hat Vertrauen zu seinen Kunden.

Beim abendlichen Sonnenuntergang, den ich gerne von Ibis Bar aus betrachte, kommt er gelegentlich zu mir und wir plaudern ein wenig über irgendetwas.

„Und wenn sie mal morgens nicht wiederkommt, die Sonne?", werfe ich so hin. „Ooh", meint Ibi zweifelnd. „Wenn sie zum Beispiel zu müde ist?", setze ich nach. Ibi lacht: „Ich bin mal müde und arbeite einen Tag nicht. Aber die Sonne arbeitet immer, ist nie müde." „Ja, das stimmt", sage ich. „Aber mit dem Mond ist es wie mit dir, der ist auch manchmal müde und kommt nicht." „Oui, c'est vrai!", meint Ibi, „c'est comme ça!"

„Wenn man dorthin kommt, wo die Sonne verschwindet, fällt man vielleicht von der Erde", sage ich ein anderes Mal. „Ooh", sagt Ibi zweifelnd, „may be."

Er war mit den Fischern weit draußen und erinnert sich, dass er einmal die Sonne gesehen hat, wie sie genau in der anderen Richtung aufgegangen ist. „Yes man". Er glaube eher, dass die Erde rund sei, sagt er, aber das sei nur seine Meinung. Wenn er mit den Freunden darüber diskutiere, werde er immer überstimmt. C'est un disque, sagen sie mehrheitlich, man müsse nur genau hinschauen. –

Ibis Vater ist gestorben; Ibi ist der älteste Sohn, mittlerweile 32 Jahre alt, kann aber nichts für die Mutter und seine beiden noch die Schule besuchenden Schwestern tun. Das macht ihm zu schaffen. „Die Hütte hier wird zusammenfallen", sagt er. Ein schiefes Zementmäuerchen neben der Hütte markiert die Bereiche des neuen Bar-Projektes, mit dem Ibi seine Zukunft auf eine solidere Basis stellen will. Das wenige Geld hat für nicht mehr als dieses Zeichen gereicht, das eher von der Unzulänglichkeit der Mittel und der Aussichtslosigkeit des Unternehmens kündet als von einem fruchtbaren Neuanfang. „Ein Kredit von 300 Euro nur", meint er, dann stehe er gut da, könne etwas Solides vorzeigen und werde anerkannt. Er redet sich in den Erfolg hinein, legt mir dar, wie mit seiner kleinen Terrasse auch der Verdienst kommen werde. Alles ist in sich irgendwie folgerichtig, ganz klar: Wenn das Geld für den Weiterbau da ist, scheint der Erfolg fast unausweichlich. Er ist zu nett, um mich direkt nach dem Geld zu fragen, spricht aber immer wieder von seinem Projekt. Irgendwann vor meiner Abreise werde ich ihm mitteilen müssen, dass er von mir diesen Kredit nicht bekommen wird. Ich drücke mich darum, weiß nicht, wie ich ihm sagen soll, dass ich sein Unternehmen, von dem er mit so viel Herzblut erzählt, für aussichtslos halte, dass einfach nicht genug Touristen da sind, dass seine Konkurrenz cleverer, finanzkräftiger, mehr auf weiße Gäste eingestellt ist als er, dass seine schlampig wirkende Erscheinung, der häufige Grasgeruch, die herumhängenden Freunde nicht gerade die Kunden anlocken usw.

Warum die weißen Gäste eher nebenan bei Pia oder Solo Tamtam oder in der neuen großen Bar mit Plastikstühlen und Muscheldekor ihr Bier trinken, versteht Ibi nicht. Und er würde so gerne eine weiße Frau haben, wie viele der jungen Männer aus dem Dorf, weiß aber nicht, wie er das anstellen soll. Ob ich ihm da nicht helfen könne? Ich bin nicht nett genug, darauf einzugehen, bestelle aber noch ein Bier und schaue aufs abendliche Meer. In Ruhe den Sonnenuntergang genießen, das kann ich auf jeden Fall bei Ibi am besten. – Nachtrag Januar 2019: Ibis Bar ist verschwunden, vom Meer gefressen. Ibi hat einen Job als Hilfsverwalter im Haus eines Franzosen.

Lamine

Lamine, der Grundschullehrer (vgl. Weisheit im Buschtaxi, S.137), ist von Diam Welly versetzt worden nach Bambadinka. Einziger Vorteil des neuen Dienstortes: Er liegt näher bei einer Stadt. Doch auch nach Tambacounda muss Lamine 50 km fahren. Und die Arbeit in Bambadinka ist kaum leichter als in Diam Welly.

Die Lehrer"wohnung", ein fensterloser Raum neben der Schule und eigentlich zur Materiallagerung gedacht, ist kostenlos. Lamin haust dort mit dem Kollegen und Schulleiter Mamadou Diallo. Man verpflegt sich selbst; mittags wird der vom Ernährungsprogramm der UNO zur Verfügung gestellte Reis von Dorffamilien gekocht und mit Zwiebelsoße serviert. Gemüse und Fleisch sind teuer im Dorf, werden aus Missirah, der nahen Kleinstadt, oder Tamba hergebracht. Fisch gibt es oft eine Woche lang nicht. Manchmal ist morgens kein Brot da, dann muss er bis 13.00 Uhr mit leerem Magen unterrichten.

Die Dörfler, überwiegend zur Ethnie der Diakholé zählend, sind freundlich, aber zurückhaltend; sie schicken ihre Kinder lieber zur Koranschule. Ein neuer Erlass schreibt Arabischunterricht in den Staatsschulen vor, um die Eltern zu motivieren, ihre Kinder dorthin zu schicken.

Lamine unterrichtet die älteren Schüler im luftigen Bastmatten-Klassenraum neben dem Steingebäude. Der Wind fegt morgens den Staub durch die Ritzen. 19 SchülerInnen sitzen hier einigermaßen regelmäßig in kleinen, abgenutzten Holzbänken. Die Wochenenden verbringt Lamine in Tambacounda, besucht seine Freundin, trifft sich mit Lehrerkollegen. Manchmal leiht ihm ein Kollege in Tamba von Sonntag bis Freitag sein Mofa.

Die Abende in Bambadinka sind trostlos. Wenn es dämmert, nimmt Lamine das Handy von Diallo vom Baum, der einzigen Stelle, wo auf dem Schulgelände Empfang möglich ist, legt für zwei Stunden seine SIM-Karte ein und wartet auf einen Anruf.

Assane

Assane lebt bei seiner Familie im Viertel Sicap Baobab in Dakar, teilt sich dort ein Zimmer und ein Bett mit seinem Onkel, der tagsüber arbeitet. Assane bekommt ein Stipendium von 36.000 CFA monatlich für sein Germanistikstudium an der Cheikh Anta Diop-Universität; er ist dabei, seine Magisterarbeit vorzubereiten. Beim Abendessen, zu dem ich Assane am Tage unserer ersten Begegnung einlade, erfahre ich einiges über seine Lebenssituation in Dakar. Als ich nach unserem Gespräch im Restaurant spät abends die Rechnung von 9000 CFA bezahle, denke ich kurz, dass dies ein Viertel seines Monatsbudgets ist.

Sein Deutsch ist fließend und recht gut. Viele Formulierungen zeigen, dass er etwas ungeübt in der Konversation ist, dass seine Wendungen aus den Sprachbüchern kommen, teils steif wirken oder unpassend sind. Korrekturen und Erklärungen greift er begierig auf und freut sich sichtbar an unserer Unterhaltung.

Assane nimmt in Dakar nie ein Taxi, welches innerstädtisch zwischen 3 und 5 Euro kostet; entweder geht er zu Fuß, auch weite Strecken, oder er fährt mit den preisgünstigen cars rapides. Als wir gemeinsam von seiner Familie zum Stadtzentrum fahren wollen, möchte er gerne für den weißen Begleiter das Taxi organisieren. Ihm ist anzumerken, wie ungewohnt dies für ihn ist. Seine "Taxi Taxi!"-Rufe und die heftigen Armbewegungen sind hier eigentlich überflüssig. Als wir bei einer anderen Gelegenheit ein Taxi nehmen, fragt er mich ernsthaft, ob das denn nicht zu teuer sei. Ich kann ihn beruhigen, bin zugleich etwas beschämt über diese Sorge meines Begleiters.

Wieder einmal wird mir bewusst, dass die Dimension meines "Reichtums" erst in Relation zur Situation der normalen Bevölkerung deutlich wird. Ein Hausmädchen verdient in Dakar 30.000 bis 50.000 CFA, das sind 45 bis 75 Euro im Monat; im Vergleich steht Assane mit seinem Stipendium gar nicht so schlecht da. Mein für Dakarer Verhältnisse preiswertes Zimmer in der Auberge Keur Mithiou kostet 14.000 CFA pro Nacht, also 21 Euro: Zwei Nächte dort machen fast einen Monatslohn aus. Im Dorf, das ich nach dem Aufenthalt in Dakar besuchen werde, kostet ein einfaches Zimmer für eine Einheimische im Monat 5000 bis 7000 CFA; der Barmann oder die Köchin in einem der Campements erleben jeden Tag, dass mehr als diese Summe vom weißen Gast bei einem Abendessen ausgegeben wird. Welche Einschätzung der Weißen, welche Wahrnehmung des Wertes der eigenen Arbeit, welche Konsequenzen für das eigene Verhalten ergeben sich daraus?

"Der Weiße ist für uns wie eine Bank. Du musst versuchen, ein Fenster zu finden, um in die Bank zu kommen", sagte mir vor Jahren ein senegalesischer Freund. Wie kann das Fenster aussehen und welche Arten des Eindringens kommen in Betracht?

Doch zurück zu Assane: Dass er einen Laptop mit Internetzugang besitzt, wunderte mich zuerst. Er erzählte dann, dass er das Gerät gebraucht gekauft und dafür auf die Anschaffung von Hose und Schuhen in diesem Jahr verzichtet habe. Etwas Geld habe ihm auch „Tonton" Damdam dazugegeben, der Onkel, bei dem er wohnt.

Wie viele Senegalesen kann auch Assane am Essen sparen. In einer Mail einige Wochen später berichtet er von einem kurzen Krankenhausaufenthalt, und ich lese zwischen den Zeilen, dass dieser eher einer Überarbeitung und einem Schwächezustand aufgrund mangelnder Nahrungsaufnahme als einer ernsthaften Erkrankung geschuldet war.

Assane will unbedingt nach Deutschland, um sein Studium dort fortzusetzen und abzuschließen. An Gelegenheiten zur Konversation mit deutschen Muttersprachlern fehlt es ihm in Dakar. Gelegentlich geht er ins Goethe-Institut, ein Fußweg von einer Stunde, um in Zeitschriften zu lesen oder an einer Abendveranstaltung teilzunehmen. Für seine Studienfortsetzung in Deutschland braucht er den Nachweis von Sprachkenntnissen auf dem Niveau C1. Eine entsprechende Prüfung wird in Dakar am Goethe-Institut nicht angeboten. Eine Deutschlandreise für diese Prüfung ist kaum bezahlbar, die für das Visum verlangte Verpflichtungserklärung ist für ihn, der keine Kontakte ins Land seiner Wünsche hat, eine erhebliche Hürde. Assane liebt die deutsche Sprache, ist lernbegierig, zeigt viel Energie und hat trotz enormer Schwierigkeiten bisher nie aufgegeben.

Ndeme

Wie heißt du? Ich heiße Ndeme. Wo wohnst du? Ich wohne in Guediawaye. Die junge Frau von 24 Jahren kommt zweimal in der Woche aus Guediawaye für etwa 3 Stunden zum privaten Deutschunterricht ins Haus des Deutschlehrers Cheikh Diop. Sie hat die Grundschule nur eine kurze Zeit besucht, spricht Wolof und ein rudimentäres Französisch. Nun lernt sie lesen und schreiben in Deutsch, einer ihr völlig fremden Sprache. Seit einem Jahr ist sie verheiratet, ihr Mann lebt in Deutschland, und sie muss Deutschkenntnisse nachweisen, wenn sie mit ihm in Deutschland leben will. Der Deutschunterricht bei Cheikh wird von ihrem Mann bezahlt. Ndeme ist gut gelaunt und fleißig. Trotzdem sind ihre Lernfortschritte minimal, nicht nur wegen der großen Schwierigkeit des Lesen- und Schreibenlernens in einer fremden Sprache. Sie wiederholt unermüdlich, was sie mit Bleistift ins Heft geschrieben hat: Wie heißt dein Mann? Mein Mann heißt Ibra. Wo wohnt dein Mann? Mein Mann wohnt in Deutschland. Die zierliche Frau zögert, muss überlegen, bevor sie auf die immer gleichen Fragen antwortet. Oft passt ihre Antwort nicht zur Frage. –

Als Sohn eines Senegalesen ist ihr Mann Ibra in Deutschland geboren und aufgewachsen, mit 12 Jahren nach Senegal gekommen, wo er bis zum 20. Lebensjahr geblieben ist. Nun ist er seit drei Jahren wieder in Deutschland, hat einen Job und vor einem Jahr Ndeme, die zum Verwandtenkreis gehört, kennen gelernt und geheiratet. Dass sie nach Deutschland kommt, ist für ihn keine Frage; dass ihr das Lernen so große Mühen bereitet, weiß er nicht. Auch sie selbst scheint keine klare Einschätzung ihres Lernfortschrittes zu haben; sie kommt freundlich, sie geht freundlich, hat immer ihr Heft dabei, in das sie säuberlich die Buchstaben schreibt, die sich zu Worten formen, welche ihr fremd sind. Wie heißt dein Mann? Mein Mann heißt Ibra. Wo wohnst du? Ich wohne in Guediawaye.

Aussprache und Schreiben stehen im Vordergrund, die Grammatik spielt eine untergeordnete Rolle. Seit Wochen steht das Thema "Ich stelle mich vor" auf dem Lehrplan. Sobald die Reihenfolge der Fragen geändert wird, hat Ndeme Schwierigkeiten. Wo wohnt dein Mann? Mein Mann heißt Ibra. Den Sprachtest am Goethe-Institut zu bestehen, scheint für die junge Frau aussichtslos. Ihr Lehrer will noch einige Wochen bis zum Vortest weitermachen; das Ergebnis des Vortestes soll entscheiden, ob der Unterricht fortgesetzt wird oder nicht. Allerdings hat Cheikh wenig Hoffnung, dass Ndeme erfolgreich sein wird. Ein wenig scheint das Lernen für Ndeme wie ein Spiel zu sein; sie lacht, wenn sie einen Fehler gemacht hat, sie bemüht sich, die Rundungen der Buchstaben exakt zu zeichnen, sie radiert sorgfältig die Fehler aus und setzt im Schulanfängerstil die neuen Buchstaben einzeln dazu. Wenn sie sich nach drei Stunden freundlich verabschiedet, könnte man meinen, dass sie Spaß an diesem Spiel hat, welches sie kaum gewinnen kann. Wie heißt du? Ich heiße Ndeme Sarr. Wo wohnst du? Ich wohne in Guediawaye.

Aisha

Aisha ist zu ihrem Onkel nach Dakar gekommen; das 9-jährige Mädchen aus einem Dorf in der Nähe von Fatick hilft hier im Haushalt, kümmert sich um den kleinen Moussa, den Sohn des Onkels, und geht nebenbei zur Schule.

Ich hatte Aisha bei einem Besuch im Dorf kennen gelernt als neugierige Tochter von Karim, dem Bruder eines Bekannten. Die Verständigung war etwas schwierig, da Aisha kein Französisch, ja überhaupt wenig sprach. Sie war nicht die hellste, aber immer freundlich und aufgeschlossen, und in der Familie diejenige, die die meisten der anfallenden Arbeiten im Haus zu erledigen hatte. Ihr Arbeitspensum erweiterte sich in Dakar in der Familie ihres Onkels. Morgens stand sie als erste auf, fegte den Flur, bereitete das Frühstück vor, kümmerte sich um den zweijährigen Moussa, schmierte sich selbst ein Stück Brot mit Mayonnaise und ging dann allein zur nahen Schule. Wenn sie am Mittag zurückkam, warteten gleich die nächsten Aufgaben auf sie: Essens-vorbereitungen, Wäsche waschen, putzen und aufräumen etc. Auch das Auf- und Abräumen beim Essen, die Teezubereitung und alle kleinen Dienste musste Aisha übernehmen.

Bei den Mahlzeiten saß sie dünn und verhuscht auf dem Boden, aß mit den Händen und gesenktem Blick schnell ihren Teil aus der Schüssel, immer bereit, den nächsten Befehl der Hausherrin zu befolgen, der auch bald kam.

Das Mädchen hatte weder Zeit, ihre Hausaufgaben zu machen, noch nach draußen zu gehen und zu spielen. Sie musste ständig zur Verfügung stehen, und wenn sie nicht gleich auf die Aisha-Aisha-Rufe reagierte, wurden diese laut und ärgerlich wiederholt und es gab Schimpfworte. Der kleine Moussa, der Aisha ins Herz geschlossen hatte, stimmte auf seine Art in die Aisha-Rufe mit ein und beanspruchte ihre Aufmerksamkeit in ähnlicher Weise wie die Erwachsenen.

Nach wenigen Tagen als Gast im Haus nervten mich die ständigen "Aisha!", Aisha!"-Rufe der Hausherrin, die keine Gelegenheit ausließ, dem schmalen Mädchen eine weitere Aufgabe zu übertragen.

Nach einem Ausflug – natürlich ohne Aisha – kam die Familie am Spätnachmittag zurück und traf Aisha auf der Straße an, wo sie mit den Nachbarskindern spielte. Die Hausherrin nahm sie barsch mit in die Wohnung und verpasste ihr unter bösen Worten einige Ohrfeigen. Der Vorwurf lautete, dass sie aus dem Haus gegangen war, obwohl es doch ihre Pflicht gewesen sei, in der Wohnung zu bleiben und auf diese aufzupassen. Aisha stand in einer Ecke des Innenhofes und die zuckenden Schultern verrieten, dass sie still weinte. Ich versuchte mit ihr zu reden und sie zu trösten, was kaum gelang.

Die Behandlung des geistig nicht sehr regen Mädchens in der Familie ging mir so gegen den Strich, dass ich es nach einiger Überlegung wagte, darüber zu sprechen. Ich wusste schon, dass diese Art von Einmischung in familiäre Angelegenheiten kompliziert werden könnte.

Nachdem ich vorsichtig meine Bedenken gegen die Behandlung des Mädchens vorgetragen hatte, trat zuerst Stille ein. Mein Gastgeber versuchte dann zu erklären, dass Aisha hier in der Stadt doch mehr lerne und erfahre als auf dem Lande, dass sie hier besser esse und die Schule regelmäßiger besuche als im Dorf usw. Und dass es für mich schwierig sei, diese Verhältnisse angemessen zu beurteilen. Ich stimmte ihm bei letzterem zu, wiederholte meine Eindrücke und unterstrich den persönlichen Kummer, den ich über die unangemessene Behandlung des Kindes empfand. Ich wolle mich auch nicht einmischen in seine häuslichen Verhältnisse, nur sei diese Behandlung der Kleinen für mich persönlich schwer zu ertragen. So als mein Problem formuliert, konnte mein Gastgeber meine Bedenken akzeptieren und versprach sogar, auf Aisha etwas mehr aufzupassen, ihr mehr Freiraum zu geben und sie gegenüber dem barschen Verhalten seiner Frau in Schutz zu nehmen – bei der resoluten Selbstverständlichkeit, mit der sich seine Frau des Mädchens in ihrem Hoheitsbereich bediente, keine leichte Aufgabe. Immerhin ging das Gespräch ohne Risse in unserer Beziehung zu Ende. –

Einige Monate später erhielt ich eine Email mit der Nachricht, Aisha sei zurück zu ihrer Familie aufs Land geschickt worden. Aus welchem Grund auch immer, ich freute mich für das Mädchen über die Verbesserung ihrer Situation.

Oumy

Auf der Suche nach persönlichem Glück und einer abgesicherten Existenz kommen junge senegalesische, gambische oder auch guineische Frauen in die touristischen Küstenorte des Nachbarlandes und streben Beziehungen zu weißen Männern an. Die Spannbreite der Beziehungen liegt zwischen quasi-gewerblicher Prostitution (vor allem in den Hochburgen des Tourismus in Saly und Cap Skiring) und einer festen (Liebes-) Beziehung inklusive Heirat und Europa-Ticket. Dazwischen gibt es viele Formen der mehr oder weniger dauerhaften, intensiven und lukrativen Verbindungen zwischen schwarzen Frauen und weißen Männern – und natürlich auch umkehrt.

Oumy war aus der regionalen Hauptstadt ins Küstendorf gekommen, weil sie sich hier bessere Arbeits- und Verdienst-möglichkeiten versprach und darüber hinaus hoffte, dass Gott sie hier einen guten Mann finden ließ, egal ob schwarz oder weiß, der sie in ihren kaufmännischen Vorhaben unterstützen würde. Sie betrieb zuerst ein Mini-Restaurant, eines der kleinen Projekte, welche viele Einheimische deshalb beginnen, weil es andere zuvor mit einem gewissen kleinen Erfolg verwirklicht haben. Kochen oder Kleider verkaufen kann jede, also warum nicht ein Restaurant oder eine kleine Boutique aufmachen? Bald nimmt die Zahl der entsprechenden Unternehmungen so zu, dass ein Überangebot existiert und die Verdienstaussichten nach einer gewissen Zeit der Selbstausbeutung gegen Null gehen. Dieses Prinzip gilt für verschiedenste wirtschaftliche Kleinaktivitäten, ob Anbau von Mangos, Honigproduktion, Saftverkauf etc.

Die freundliche, arbeitsame Frau hatte in ihrem Restaurant zumeist wenige schwarze Gäste, die für den geringen Einheimischenpreis die typisch senegalesischen Gerichte aßen.

Bei meinem nächsten Besuch im Dorf hatte Oumy ein etwas größeres Restaurant in guter Lage gemietet, in der Nähe jenes Geländes, auf dem Ende Dezember ein bekanntes Festival stattfindet. Für diese Zeit war ein hoher Umsatz so gut wie sicher. Da sie nun auch Alkohol verkaufte, kamen mehr Gäste, auch weiße Touristen, aber spät abends hatte sie öfter Probleme mit den alkoholisierten einheimischen Männern, die anschreiben lassen wollten, zugekifft laut wurden und teils andere Gäste vergraulten. Die resolute Oumy schaffte es zwar, damit umzugehen, doch machte ihr die Situation merklich zu schaffen. Kurz vor Saisonbeginn erhöhte der einheimische Vermieter die Pacht um eine enorme Summe; er hatte offenbar einen anderen Interessenten für die lukrative Festival-Zeit gefunden, der eine höhere Pacht zu zahlen bereit war. Es gelang ihm auf diese Weise, Oumy aus dem Restaurant hinauszudrängen, bevor sie ihre Investitionen durch die Einnahmen in den umsatzstarken Wochen wieder hereinbekommen konnte. Dies war ein finanzieller Verlust für die junge Frau, den sie nur deshalb verkraftete, da sie zu dieser Zeit die nähere Bekanntschaft mit einem älteren Franzosen gemacht hatte. Gaston war seit längerem im Dorf ansässig, machte irgendwelche Geschäfte und besaß mehrere Grundstücke und Häuser in der näheren Umgebung. Bald wohnten die beiden zusammen und Oumy war glücklich und am Ziel ihrer Wünsche angekommen: Sie hatte ihren guten Mann gefunden, der dazu ein Toubab war.

Nun ging sie deutlich schicker und auffälliger gekleidet zum Markt, besuchte diese und jene Freundin, fuhr mit ihrem weißen Mann im 4x4 durchs Dorf und hatte viel Zeit. Von einem eigenen Restaurant war nicht mehr die Rede. Dass sie nicht die erste schwarze Frau des Franzosen war, wusste sie, und sie kannte auch ihre Vorgängerin, die ihr gelegentlich im Dorf über den Weg lief, böse Blicke werfend.

Als ich über ein Jahr später wieder im Dorf war, traf ich Oumy in einer kleinen Boutique. Gleich klagte sie mir ihr Leid: Die Beziehung zu Gaston sei zu Ende, er wolle sie nicht mehr, habe eine andere, eine ganz junge, und die sei doch die Freundin eines Bekannten, der sie Gaston zugeführt habe. Sie habe doch immer gut für ihn gesorgt, ihn nicht betrogen, sich nichts zuschulden kommen lassen. Sie verstehe das nicht; das sei nicht normal – "c'est pas normal" –, der Freund der anderen habe gegen sie gehetzt. Gaston habe ihr ein Haus versprochen, das sei aber noch nicht fertig und nun wolle er sich nicht weiter darum kümmern. Mich wunderte ihre Klage, da sie ihre Vorgängerin ja auch verdrängt und fast zwei Jahre von der Beziehung profitiert hatte. Sie bestand darauf, mir das Grundstück in guter Lage und den Rohbau darauf zu zeigen, erläuterte mir vor Ort, was man daraus machen könne, sie wolle auch Zimmer vermieten und könne fürs erste mit einer ganz einfachen Ausstattung hier auch wohnen. Nur die unverputzten Mauern und das Dach waren fertig, auf dem unebenen, sandigen Boden lagen noch Bauhölzer; große Fledermäuse hatten sich im Dachbereich eingerichtet und flatterten beim Eintreffen der Besitzerin aufgeregt hin und her. Die Kacheln für das Bad seien schon bezahlt und abholbereit; sie habe bald das Geld für die Installation zusammen, ob ich ihr nicht den Rest für die weiteren Kosten leihen könne. Ich hatte etwas früher mit dieser Frage gerechnet, wehrte lächelnd ab und versuchte, sie mit dem Hinweis zu beruhigen, dass sie vor drei Jahren mit nahezu nichts hier angekommen sei und nun Besitzerin eines guten Grundstückes und eines halbfertigen Hauses sei. Das sei etwas wert und sie könne es immerhin auch verkaufen. Nein, das wolle sie nicht, sie wolle lieber weiter sparen, meinte Oumy mit der gleichen Freundlichkeit wie zuvor. Ich begleitete sie zurück zu ihrer kleinen Boutique, wo nahezu die gleiche Batikkleidung, die gleichen Afro-Stoffe hingen wie in dem knappen Dutzend anderer Boutiquen im Ort.

Toulay

Toulay teilt sich den kleinen Raum bzw. das Bett mit ihrer Enkelin, der fünfjährigen Roki; im Zimmer nebenan wohnt ihre Tochter Nabou mit der zweijährigen Enkelin Rama. Ein wackliges Tischchen bildet mit Bett, Schrank und Stuhl das Mobiliar des Zimmers. Zwischen Bett und Schrank ist kaum Platz, dahinter ist die Tür zu einem kleinen Gang, von dem das Zimmer ihrer Tochter abgeht und eine Tür zum Hof mit einer Toiletten- und Duschecke.

Das etwas baufällige Häuschen mit den zwei Zimmern am Ortsrand von Brikama ist gemietet; Toulay ist im Rückstand mit der Miete und fürchtet, dass der Besitzer sie demnächst vor die Tür setzen wird. Die Mandinka-Frau sieht älter aus als sie tatsächlich ist. Mit 64 Jahren liegt sie um 2 Jahre unter der durchschnittlichen Lebenserwartung für Frauen in Gambia; die der Männer liegt bei 61 Jahren.

Jeden Morgen fährt Toulay mit einigen anderen Frauen in den Busch und schlägt Holz; das wenige Geld, das sie für diese anstrengende Arbeit erhält, reicht nicht, um die Miete zu bezahlen. Sie hat das Pech, nur Mädchen zur Welt gebracht zu haben; von Mädchen ist weniger Unterstützung im Alter zu erwarten als von Jungen. Ihr Mann ist schon vor längerer Zeit gestorben; sie ist nach Brikama gezogen, weil ihre Ursprungsfamilie von hier stammt.

Eine Zeitlang lief auch alles gut hier; sie hatte einen kleinen Fischstand, verkaufte auf dem Markt für einen Bruder ihres Mannes Fisch und verdiente genug, um über die Runden zu kommen.

Das änderte sich nach einem Unfall. Nachts wurde sie von einem Auto angefahren, in den Graben geschleudert und kann sich nur ungenau an das weitere erinnern. Der Fahrer sei wohl kurz ausgestiegen – wahrscheinlich um nach Schäden an seinem Auto zu sehen – und dann weitergefahren. Sie schleppte sich nach Hause mit gebrochenem Bein und Kopfwunden. Für eine intensive medizinische Behandlung fehlte das Geld; den Krankenhausaufenthalt musste sie deswegen bald abbrechen, doch einen einheimischen Heiler hat sie über ein Jahr lang konsultiert. Heute, vier Jahre nach dem Unfall, ist sie auf einem Auge blind, hat arge Gehprobleme, ständig Schmerzen mit dem schief verheilten Bruch und zudem funktioniert der Kopf nicht mehr gut. Das zeigte sich zuerst, als sie versuchte, weiter auf dem Markt Fisch zu verkaufen.

Die Zahlen waren nicht mehr so zahm wie zuvor, wollten sich nicht mehr zusammenrechnen lassen. Ständig musste sie um Hilfe bitten, trotzdem stimmte die Tageskasse oft nicht, und schließlich gab sie die Tätigkeit auf. Auch ihr Gedächtnis ist seit dem Unfall etwas durcheinander geraten. Nicht immer erkennt sie ihre

Tochter Nabou. Das Holzschlagen im Busch, wo sie mitunter mehrere Tage verweilt, ist sehr anstrengend, aber sie ist in Begleitung der anderen Frauen, wenn auch kaum eine davon in ihrem Alter ist.

Der Mann ihrer Tochter ist "in Dakar", eine Formulierung, die alles und nichts heißen kann, jedenfalls ist damit seine Abwesenheit erklärt. Geld schickt er nur selten; gelegentlich kommt eine der anderen Töchter vorbei, bringt einige Lebensmittel mit, lässt einen Geldschein da.

Wir sitzen draußen, der Gast auf dem einzigen Stuhl, die anderen auf Holzbänkchen. Die beiden Mädchen vergnügen sich mit den mitgebrachten Luftballons. Immer mehr Mücken fliegen in der Dämmerung ein. Wenn es dunkel wird, zündet Toulay gelegentlich drinnen eine Kerze an. Strom gibt es nicht, auch keine Petroleumlampe.

Alter im Senegal – mein Besuch hier verdrängt jede idyllische Vorstellung eines freundlichen Aufgehobenseins in der afrikanischen Großfamilie am Lebensabend. Sicher ist Toulay kein repräsentativer Fall, vielen Alten geht es in der Großfamilie tatsächlich besser. Doch wer nicht mehr produktiv sein kann, ist abhängig von der Unterstützung der Familienmitglieder, die oft selbst kaum wissen, wie sie das Essen für den nächsten Tag beschaffen sollen. Ein offizieller Verdiener kommt auf etwa 15 Personen; man schlägt sich irgendwie durch, solange es geht und man gesund ist. Der Besuch hier und vor allem die Geschichte von Toulay bedrücken mich, zugleich bin ich dankbar, diesen Einblick in die besonderen Lebensumstände der älteren Frau bekommen zu haben. Beim Abschied lasse ich ihr einen größeren Geldschein da und habe das Gefühl, selten sinnvoller etwas von meinem "Reichtum" abgegeben zu haben.

Foufou oder Wie es wirklich war

Mariama, die Restauranthilfe, arbeitet nicht mehr im „Chez Foufou" an der Hauptstraße, meinem favorisierten Lokal bei diesem Aufenthalt im Küstenort. Beim Treffen auf der Straße klagt sie, Foufou, der Besitzer, habe sie geschlagen, da habe sie gekündigt. Köchin und Hauptbedienung Mame, mit der ich am Abend darüber rede, beschwichtigt: Mariama sei immer wieder zu spät gekommen; nur deshalb habe Foufou sie entlassen.

Am nächsten Abend setzt sich Foufou zu mir an den Tisch. Von Mame instruiert, will er den Vorwurf des Schlagens entkräften und meint, Mariama sei eine Diebin gewesen. Er habe sie mit ihrem Freund nachts um 3 Uhr erwischt, als sie Reis und Getränke stehlen wollten. „Nehmt doch auch die Stereoanlage mit!", habe er gesagt. „Macht ein Fest!" Und das um 3 Uhr in der Nacht! Mame, die heute krank im Zimmer liegt, hatte nur von Unregelmäßigkeiten bei der Arbeitszeit gesprochen. Neben Foufou hat sich sein Begleiter gesetzt. Seine an mich gerichteten Kommentare – „C'est vrai!", „Tu vois?" – und Wiederholungen der letzten Satzworte, dazu ein fleißiges Nicken, wirken wie die Ausübung einer rituellen Rolle.

Er habe Mariama nur helfen wollen, fährt Foufou fort; eigentlich sei sie gar nicht geeignet als Aushilfe, nur ihrer Familie wegen habe er sie eingestellt, wirklich. Fast möchte ich auch nicken wie der Zustimmer, dessen gekonnt unterstreichende Handbewegungen sagen wollen: Siehst du? Schau, so edel ist Foufou! Hatte ich anfangs ein wenig Partei für Mariama ergriffen, erscheinen mir nun die Varianten der Geschichte irgendwie gleich wahrscheinlich. Wie so oft bei persönlichen Berichten hier ist das Erzählte mehrdeutig, jeder hat seine Version, in der er gut, der andere weniger gut wegkommt. Ich bemühe mich, die verschiedenen Geschichten nebeneinander stehen zu lassen, sehe die Situation wie eine kleine Aufführung, welche allmählich langweilig wird, da Foufou sich wiederholt und kein Ende findet. Der Zustimmer hat ein Bier bekommen, sein Beipflichteifer lässt nach und er widmet sich mehr dem Getränk als seiner Aufgabe, nickt nur noch manchmal der Bierflasche zu. Schließlich unterbreche ich Foufou, bedanke mich für seine ausführlichen Erklärungen, versichere, dass ich ihm wirklich alles glaube und dass nun alles klar und in Ordnung sei. –

Auf dem Heimweg denke ich mir weitere Erklärungsvarianten zu dieser Geschichte aus, und mache sie mir mit eingestreuten Bekräftigungen – „Genau!", „Wohl wahr!", „Da siehst du's!" – ziemlich glaubhaft.

Begegnung 1

Am frühem Morgen mache ich barfuß einen Strandspaziergang in den auslaufenden Wellen; niemand außer mir ist unterwegs. Ein Junge auf einem für seine Größe zu kleinen Fahrrad fährt plötzlich neben mir, spricht mich an und fragt nach Geld. Ich antworte kurz und abweisend. Er fährt davon. Nach wenigen Minuten ist er zurück, lässt sein Rad am befahrbaren Strand liegen. Er hat sich eine Latte besorgt, mit der er nun dicht vor meinem Gesicht herumschlägt und mehrfach „Gib mir deinen Rucksack!" sagt. Ich bemerke, dass am Ende der Latte einige Nägel eingeschlagen sind. Weit und breit ist zu dieser frühen Morgenstunde kein Mensch am Strand. Der Junge ist vielleicht 14, 15 Jahre alt. Seltsamerweise empfinde ich keine Angst; ich werde bedroht, fühle mich aber nicht wirklich bedroht. Irgendetwas in seinen Augen signalisiert mir wohl, dass er nicht zuschlagen wird. Keinen Moment habe ich den Impuls, ihm meinen Rucksack zu überlassen. Andererseits ist mir ganz unwohl und je länger er herumfuchtelt, umso unangenehmer wird die Situation, die mich zu lähmen droht. Ich will einfach da raus und sage ohne nachzudenken, während die Latte 10 cm vor meiner Nase vorbeizischt: „Wie geht es deiner Mutter? Ist sie gesund?" Die Latte wird langsamer, stockt. Er schaut mich irritiert an. Mir fällt ein, dass ich einen Geldschein in der Tasche habe, hole ihn heraus, halte ihn dem Jungen hin und sage: „Hier, für deine Mutter. Sag ihr einen Gruß von mir, ich heiße Rayna." Dabei weise ich auf mich. Die Latte sinkt herunter. Er nimmt den Geldschein, schaut noch verblüffter. Dann strecke ich ihm langsam die Hand entgegen und verabschiede mich: „Einen guten Tag für dich und deine Familie." Tatsächlich lässt er die Latte fallen, ergreift die Hand. Ganz kurz spüre ich den Impuls, die Gelegenheit auszunutzen, die Hand zu verdrehen oder ihm in den Bauch zu treten. Aber das passt gar nicht und bleibt im Hinterkopf. Noch einmal sage ich „Bonne journée", hebe kurz die Hand und gehe im Spülwasser in die Richtung zurück, aus der ich gekommen bin, ohne mich umzudrehen. Auf dem zu kleinen Fahrrad sehe ich ihn über den festen Sand ebenfalls zurückfahren und bald in einen Dünenweg einbiegen, wo er außer Sicht gerät.

Begegnung 2
Ein Motorrad hält neben mir, der Fahrer trägt einen Helm, der auch die Wangen verdeckt. Er grüßt mich sehr freundlich wie einen alten Bekannten, scheint mich zu kennen, fragt das übliche „Depuis quand?" Bevor ich zu dem gewohnten, in diesem Falle eher nicht zutreffenden „Dein Gesicht kommt mir bekannt vor, aber deinen Namen weiß ich nicht mehr" ansetzen kann, sage ich „seit vorgestern", und schon sind wir in einer angeregten, freundlichen Unterhaltung und verabschieden uns kurz darauf fast herzlich. Ich weiß nicht, ob ich diese Person jemals zuvor gesehen habe. Wiedererkennen würde ich sie mit Sicherheit nicht...

UNTERWEGS

Visum

Seit dem 1.7.2013 verlangt der Senegal von allen Einreisenden – außer von denen der Westafrikanischen Wirtschaftsgemeinschaft CEDEAO und wenigen Staaten mit Sonderabkommen – ein biometrisches Visum. Eine Visumpflicht ist nicht ungewöhnlich, andere westafrikanische Länder wie Mali, Guinea-Bissau, Guinea, Mauretanien verlangen seit längerem ein Visum. Das besondere des biometrischen Visums sind die Speicherung der Fingerabdrücke und das biometrische Foto[1], weshalb der Antragsteller persönlich an der Ausgabestelle erscheinen muss. Ein Einsenden des Passes an die Botschaft in Deutschland, Geldüberweisung und Erhalt des Passes mit Visum, wie bei nicht-biometrischen Visa, ist also bei der Vorbereitung einer Senegalreise nicht möglich. Der deutsche Senegalreisende muss für das biometrische Visum nach Berlin fahren, der französische nach Paris oder Lyon – eine aufwändige Angelegenheit, da zudem die senegalesische Botschaft in Berlin die Visumausstellung am Antragstag nicht garantieren kann.

Die vom weltbekannten Sänger und damaligen Kultur- und Tourismusminister Youssou Ndour initiierte Visumpflicht stößt sowohl bei westlichen Senegalreisenden[2] als auch in der gesamten senegalesischen Tourismusbranche[3] auf Kritik.

Reisende beklagen die umständlichen Beschaffungsbedingungen, Einheimische und die Tourismusverbände den Rückgang der Touristenzahlen. In Mbour und der nahen Touristenhochburg Saly Portudal sollen 2013 viele Touristen ausgeblieben sein, was zur Folge hatte, dass weniger Hotelpersonal eingestellt wurde, die üblicherweise engagierten Musiker und Tänzer keine Verträge bekamen, Bustouren zu Ausflugszielen ausfielen, dass SchülerInnen von Hotel- und Tourismusschulen keine Praktika machen konnten etc.

Es scheint so, dass nicht wenige Touristen auf attraktive Länder ohne Visumpflicht wie Gambia und Marokko ausweichen.

Da zeitnah an den Landesgrenzen des Senegal keine entsprechenden technischen Geräte bereitgestellt werden konnten, bekamen zahlreiche via Gambia nach Senegal einreisende Touristen hier für die 50,- Euro "Eintritt" nur eine Bescheinigung ausgestellt, die das Visum ersetzte. Diese wurde schon an der nächsten Kontrolle als nicht ausreichend moniert – oft verbunden mit einer Geldforderung.

Auch am Flughafen LSS in Dakar war man anfangs mit der Visumausstellung überfordert, da viele Einreisende ohne Visum eintrafen. Zudem hatte die senegalesische Botschaft in Berlin wegen der Probleme mit der Ausstellung auf ihrer Internetseite auf die Möglichkeit hingewiesen, vorübergehend das Visum bei Ankunft am Flughafen ausstellen zu lassen. So kam es teils zu langen Wartezeiten, vor allem bei den abends zeitnah landenden Maschinen von Air France, Iberia, SN Brussel etc. Die ausstellenden Beamten trugen mit ihren dreisten, freundlich vorgetragenen Bitten um ein "Trinkgeld" keineswegs zur Entspannung der genervten Einreisenden bei, hatten sie doch die Möglichkeit, die Dauer der Visumgültigkeit zu bestimmen.[4]

Wofür nun dieser moderne Sicherheitscheck durch ein biometrisches Visum? Wofür die Anschaffung teurer Geräte in Botschaften, Flughäfen, Grenzstellen etc. und die Ausstattung mit entsprechender Software? Bringt das mehr Sicherheit in einem Land mit überwiegend grünen Grenzbereichen, wo jeder etwas Ortskundige leicht unbemerkt die Grenze überschreiten kann? Wo viele Einheimische in den Grenzgebieten – speziell zum visumfreien Gambia – vom Schmuggel leben, fast immer unter Mitwirkung der Grenzbeamten und der Straßenpolizei?

Finanziell soll der senegalesische Staat mit 50% an den Visumeinnahmen beteiligt sein, die andern 50% habe sich die an der Elfenbeinküste ansässige Hardware-Firma für einige Jahre vertraglich gesichert (nach informellen Auskünften). Eine nicht unerhebliche Rolle soll zudem der Unmut senegalesischer Politiker über die restriktiven Visa-Bewilligungen vieler europäischer Staaten gespielt haben. Dieser habe dazu geführt, mit gleicher Münze zurückzuzahlen – ohne hinreichend zu bedenken, inwieweit dies dem wichtigen Wirtschaftsbereich des Tourismus im Senegal schaden könnte.

Es bleibt abzuwarten, ob die innersenegalesische Kritik an der Visumpflicht politisch wirksam werden und zu Änderungen führen kann, was nach den kostenintensiven Anschaffungen der modernen Technik eher zweifelhaft erscheint. –

Mitte 2014: Tatsächlich ist die umständliche Beschaffung des biometrischen Visums in Deutschland unnötig. Am Flughafen Dakar wird die Prozedur nun recht zügig erledigt – wenn nicht gerade mehrere Maschinen gelandet sind und ein starker Andrang herrscht. Eine Hostess mit Schild weist noch vor der Wartehalle den Weg zur Bezahlstelle, an der man 52,50 Euro „Eintritt" in das Land der "Teranga" (Gastfreundschaft) zahlt; mit der Quittung geht man zu einer der etwa 10 Kabinen, wo in 5 Minuten (ohne Wartezeit) das Visum mit dem kopierten Passbild eingeklebt wird.

(1) Anforderungen an ein biometrisches Passbild:
- Biometrische Passbilder haben die Größe 3,5 x 4,5 cm
- Die Gesichtshöhe muss ca. 70 – 80 % einnehmen
- Das Bild muss scharf, kontrastreich und gleichmäßig ausgeleuchtet sein
- Der Hintergrund muss einfarbig, hell und ohne Muster sein

- Der Kopf muss gerade sein, die Augen geöffnet und mit Blick
in die Kamera
- Neutraler Gesichtsausdruck und geschlossener Mund sind Pflicht

(2) "Was mich ärgert ist der Aufwand, den man denjenigen aufzwingt, die doch nur ihren Urlaub im Senegal verbringen möchten. Für einen Aufenthalt von drei Wochen muss man enorme Hindernisse überwinden sowie eine Bürokratie, die schlimmer ist als die in Deutschland. Ehrlich gesagt fühle ich mich wie eine Kriminelle behandelt, wie jemand, dem man mit Misstrauen begegnet. Eine solche Erfahrung habe ich bisher in meinem Leben nicht gemacht und es ist sehr gut möglich, das dies meine letzte Reise in den Senegal sein wird. Ich bin frustriert und entmutigt, bevor ich diese Prozedur überhaupt begonnen habe.
Meine Freundin sagte mir, dass sie niemals in ein Land reisen würde, das eine solche Maßnahme fordert nur um dort Ferien zu machen. Und sie hat recht! Ich glaube nicht, dass der Senegal sich mit dieser Aktion einen Dienst erweist. Viele Leute werden von ihren Reisen (nach Senegal) absehen und in andere Länder reisen."
http://www.senenews.com/visa-pour-le-senegal-senenews-com-recueille-votre-experience
(3) "Die Maßnahme wird dramatische ökonomische Konsequenzen für die Tourismusunternehmen haben und den Verlust von tausenden von Arbeitsplätzen nach sich ziehen."
Mamadou Diallo, Vizepräsident des Verbandes der Arbeitgeber-Vereinigung der senegalesischen Tourismusindustrie, http://www.tourhebdo.com/actualites/detail/66393/le-senegal-exige-un-visa-pour-les-francais.html

vgl. auch http://www.aps.sn/articles.php?id_article=116521

"Le problème des visa cause énormément de difficultés dans le secteur."
M. Bitèye, Koordinator von MHRS (Mouvement des hôteliers républicains du Sénégal), Le Pop Nr 4396, 21.7., S.6

(4) "Ich bin gestern in Dakar angekommen, und die Beamten, die das Visum ausstellen, erpressen die Ankommenden: 'Wenn du ein Visum für die ganze Dauer deines Aufenthaltes möchtest, gib mir 30.000 CFA.' Sie haben das Recht, auch nur 10 Tage zu bewilligen, wenn sie das wollen. Der Beamte vor mir hat sich in 30 Minuten 100.000 CFA in die Tasche gesteckt, was ihm monatlich an die 60.000 Euro einbringt; bravo!"

http://www.senenews.com/visa-pour-le-senegal-senenews-com-recueille-votre-experience
Hier finden sich auch weitere interessante Kommentare und Erfahrungen zur Visum-Einführung 2013.

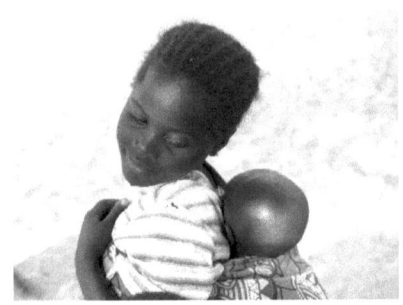

Nach Ziguinchor

Bis in die letzten Jahre des alten Jahrtausends habe ich einige Male die kostengünstigste Variante für die Reise von Dakar nach Ziguinchor gewählt, den Car. Die sehr lange und anstrengende Fahrt in dem 19-Personen-Kleinbus hatte den Vorteil, unterschiedlichste Kontakte zu den Mitreisenden haben, Eindrücke der Landschaft und der durchfahrenen Orte sammeln und den etwas abenteuerlichen Charakter der Fahrt genießen zu können – es passierte immer etwas Unvorhergesehenes.

Etwas bequemer und schneller als die Cars sind die Septplaces, die allmählich aussterbenden Peugeots 507, mit denen ich einige Male die Strecke nach Ziguinchor bzw. von dort nach Dakar zurücklegte. Doch die unberechenbaren Wartezeiten an der Fähre über den Gambiafluss machten auch diese Fahrten anstrengend. Zu jener Zeit merkte ich, dass die Faszination dieser Reiseart, jene heimliche Bestimmung[1], mir all die Anstrengungen anzutun, fast ganz weggeschmolzen war. Jahrelang hatte ich eine eigenartige Befriedigung gefühlt, wenn ich in diesem fremden Land mit mir völlig fremden Menschen, deren Sprachen ich nicht verstand, lange Stunden im Wagen eng zusammensaß. Das mitreisende ängstliche Kind in mir wollte herausfinden, ob es in der Gruppe wildfremder Menschen geduldet und akzeptiert oder ob es vielleicht weggeschickt, beschimpft oder gar verhauen würde. Dieser innere Reisegefährte hatte sich von Jahr zu Jahr, von Gegenerfahrung zu Gegenerfahrung mehr beruhigt, war nun ziemlich sicher "mitspielen" zu dürfen und war dabei, sich zu verabschieden. Reisen als Therapie gewissermaßen und unter anderem – und die ging ihrem Ende zu. Ich merkte es auch daran, dass auf den letzten Autofahrten der Wunsch anzukommen die gewohnte Befriedigung des Zusammen-Unterwegsseins überstrahlte. Mittlerweile fühle ich mich im Umgang mit fremden Menschen im Senegal teils freier und sicherer als mit solchen in Deutschland, was natürlich auch an der offeneren Mentalität der Westafrikaner liegt.

Auf einer Rückreise nach Dakar im Jahr 1993 nahm ich das Fährschiff Djoola, buchte die günstigste Platzkategorie und fand mich in einem fensterlosen, mit Holzbänken vollgestellten Raum unter Deck als einziger Weißer wieder. Kaum hatten die überwiegend weiblichen Mitreisenden neben, vor und hinter mir ihre Plätze eingenommen, packten sie ihre Taschen aus, legten Tücher auf den Boden, verschiedenste Waren darauf, und schon befand ich mich mitten in einem schwimmenden afrikanischen Markt. Auf zwei Bildschirmen flatterten verwaschene Fernsehbilder, begleitet von krächzenden Tönen aus überdrehten Lautsprechern. In den Gemeinschaftstoiletten stand nach kurzer

Zeit der Urin zentimeterhoch, und die nach Gebrauch nicht gesäuberten Klobecken waren unbenutzbar.

Meine Händler-Nebensitzerin fragte mich, warum ich hier und nicht in der 1. Klasse sitze. Hier sei es doch nicht gut für mich. Ich wusste keine Antwort, da ich mir diese Frage gerade selbst gestellt hatte; meine Idee, zu erfahren, wie die Senegalesen reisen, hätte ich auch von der ersten Klasse aus bei einem kurzen Besuch im Unterdeck umsetzen können.

Die mächtig schwankende Djoola verursachte mir bald Übelkeit; mein Blick fand unter Deck keinen fernen Fixpunkt, der erfahrungsgemäß dagegen helfen konnte. Bald verließ ich meinen Sitz auf der Holzbank und begab mich ins Bordrestaurant. Nach drei Tassen Tee schloss das Bistro, aber der verständnisvolle Steward ließ dem Toubab die Sitzbank, auf der ich liegend die Zeit bis zur Ankunft in Dakar am frühen Morgen verbringen konnte.

Mit dem neuen Schiff, der Aline Sitoe Diatta, ist die Passage nicht nur bequem, sondern auch recht spannend. Die Kabinen sind gut ausgestattet, das große Schiff verfügt über effektive Stabilisatoren, es gibt ein Bistro und ein Restaurant an Bord, und für die Sicherheitsmaßnahmen ist gesorgt. Mit Preisen zwischen 24 (für einen unkomfortablen Plastiksitz) und 48 Euro (für die Zweibettkabine) ist die Überfahrt erschwinglich. Die Eincheck-Prozedur in Dakar ist etwas umständlich; die fünfmalige Aufforderung, Pass und Ticket vorzuweisen, trägt kaum zur Sicherheit oder zur Annehmlichkeit des Reisebeginns bei. Doch einmal an Bord und auf einem der Decks mit Aussicht auf den Hafen von Dakar, beginnt bald mit einer frischen Brise die nächtliche Überfahrt. Die Bänke um das Bistro herum sind beliebt; hier lässt es sich gut mit einem Kaffee oder einem Bier herumsitzen, man kann dem Treiben zuschauen und mit dem einen oder anderen Mitpassagier ins Gespräch kommen. Später in der Kabine hilft das verhaltene Brummen der Motoren eher beim Einschlafen als dass es die Nachtruhe verhindert. Das Schwanken ist kaum spürbar – zumindest nicht auf der Hinreise; auf der Rückreise, bei starkem Wind und der Fahrt gegen die Atlantikwellen, kann das ganz anders sein. Dann ist auch klar, wofür die vielen schwarzen Plastiktüten an den Handstangen in den Gängen dienen. Glücklich jetzt, wer an Tabletten gegen Reiseübelkeit gedacht hat.

Am Morgen der Hinfahrt erwartet den Reisenden eine filmreife Afrika-Kulisse bei der Einfahrt in den Casamance-Fluss: die grünen Mangroven-Ufer, dahinter Palmen, das Sonnenlicht, die Delphine im Fahrwasser des Schiffes – diese Ausblicke lassen sich noch etwa zwei Stunden genießen, bevor die Häuser von Ziguinchor in Sicht kommen und das Schiff am Kai anlegt. –

Seit einigen Jahren nehme ich am liebsten den Flieger: 45 Minuten Flugzeit von Dakar bis Ziguinchor, keine Abenteuer, außer mal einem fehlenden Koffer (auf diesem kurzen Direktflug!) und einmal einer verschämten Mund-zu-Mund-"Durchsage", dass der Flug leider annulliert werden müsse, der Pilot sei erkrankt. Die nicht sehr verlässliche Fluggesellschaft Sénégal Airlines hat inzwischen Konkurrenz bekommen: Transair bedient ebenfalls die Strecke Dakar – Ziguinchor, ist etwas günstiger und nach Auskunft in der Agentur auch zuverlässiger.

Der kleine Flughafen in Ziguinchor hat Charme; ich komme gerne viel früher als nötig, um auf der Café-Terrasse zu sitzen und dem Treiben zuzuschauen. Und um innerlich Abschied zu nehmen von der ruhigen Atmosphäre in der grünen, wasserreichen Casamance, bevor es zurück geht ins hektische Großstadtleben von Dakar.

(1) "Alle Reisen haben eine heimliche Bestimmung, die der Reisende nicht ahnt." Martin Buber

Eine Routinekontrolle

Der schwarze Verkehrspolizist war erstaunlich groß und korpulent, eine imposante Erscheinung, vor der ein reines Gewissen zu haben ein beruhigendes Gefühl war. Er schien eher für einen Boxring oder eine Sumo-Veranstaltung geeignet als für eine Straßenkontrolle kurz vor Ziguinchor im Süden Senegals. Vom Beifahrersitz aus konnte ich seine eng anliegende Uniformjacke in Bauchhöhe sehen, als er von Yoro die Fahrzeugpapiere forderte. Er machte sich nicht die Mühe, den Oberkörper zum Fahrer hinunterzubeugen. Yoro reichte ihm die Papiere mit in den Nacken gelegtem, halb aus dem Fenster gestrecktem Kopf hinaus. Der Riese trat etwas zurück, geriet ganz in mein Blickfeld und ich sah, dass er nicht nur beeindruckend, sondern geradezu einschüchternd groß war. Mit unbewegter Miene blätterte er in den Dokumenten, ging mit ihnen um den Wagen herum, kam zurück und forderte mit einem gleichzeitig verstimmt und gelangweilt wirkenden Gesichtsausdruck: "Licht einschalten!" Yoro versuchte mit ein paar lockeren Sätzen small talk zu machen und die Atmosphäre etwas zu entspannen, doch die freundlichen Worte prallten schon an der Uniform des massigen Ordnungshüters ab. Vom nächsten Rundgang um das Fahrzeug kam er mit noch verstimmteren Gesichtszügen zurück; er hatte keine Mängel gefunden, blätterte weiter lustlos in den Papieren. "Und die Handbremse?" Yoro zeigte etwas irritiert auf den Hebel neben sich. "Mal anziehen!" Yoro zog den Griff an, blickte wieder zum Polizisten, der aber nicht mehr neben dem Fahrzeug stand. Er war einige Meter hinter das Heck des Wagens getreten; dann gab es plötzlich einen Knall und einen Ruck, der den Wagen einige Meter nach vorne schob. Wir wurden in die Sitze gedrückt, dann in die Gurte gerissen. Noch bevor wir uns von dem Schock erholt hatten, stand der Riese wieder neben dem

Seitenfenster und zog seine Uniform zurecht. "Die Handbremse ist defekt", meinte er mit mürrischer Miene, "kostet 2000 CFA." Wortlos zog Yoro seine Geldbörse, reichte zwei 1000er Scheine hoch und erhielt dafür einen kleinen Zettel mit der Aufschrift "2000" sowie einer unleserlichen Unterschrift. "Weiterfahren!", meinte der uniformierte Riese mit einer ungeduldigen Handbewegung und wandte sich von uns ab den nächsten anrollenden Autos zu. Yoro ließ den Wagen an und schwenkte auf den rissigen Asphalt der Landstraße; im Rückspiegel sah ich den Riesen neben einem gestoppten Wagen, aus dessen Fahrerfenster ein schwarzer Kopf zu ihm emporstarrte.

Jakarta

Die Personenbeförderung wird seit einigen Jahren in vielen Landesteilen von Motorradtaxis betrieben. Seit die Chinesen nicht mehr nur billigste Plastik- und Eisenwaren nach Senegal und ganz Westafrika exportieren, sondern auch technisch entwickeltere Produkte, sieht man immer weniger Yamaha- oder KTM-Motorräder und immer mehr chinesische Fabrikate wie Jincheng, Chongqing, Lifan etc. Je nach Motorenstärke und Ausstattung kosten die Maschinen zwischen 500.000 und 900.000 CFA, also zwischen 750 und 1400 Euro. Der satte Sound dieser Viertakter ist angenehmer als das laute Wespengesurre der hochdrehenden Yamaha-Zweitakter. Junge Männer, manchmal erst 16 oder 17 Jahre alt, warten an den Kreuzungen mit ihren hier "Jakarta" genannten Motorrädern auf Kunden, von denen sie ein, zwei, bei Kindern manchmal auch drei zugleich für einige Münzen zum nahen Ziel bringen, Gepäck inklusive. Vor allem an wenig befahrenen oder für Autos schwer zu bewältigenden Strecken kommen die Jakartas zum Einsatz.

Helm, Handschuhe, feste Schuhe, Jacke sieht man selten bei den Fahrern, auch nach dem Führerschein sollte man nicht fragen. Wird der Chauffeur von einem Polizisten angehalten, ist dieser meist ein Onkel oder Freund des Onkels oder ein Bekannter des Freundes des Onkels und mit einem Gruß und Handschlag, gelegentlich einem kleinen Geldbetrag, ist die Sache bereinigt. Die Zahl der Unfälle, an denen Jakartas beteiligt sind, ist enorm hoch.[1] Fast jeder der unerfahrenen jungen Männer, die die Maschinen meist nicht mit dem eigenen Geld bezahlt haben, macht Bekanntschaft mit unerwartet aus dem Busch kommenden Ziegen, Hunden, Schweinen, mit plötzlich sich auftuenden Schlaglöchern und Autotüren. In fast allen Fällen liegt die Hauptunfallursache in der unangepassten Fahrweise; es wird grundsätzlich ganz knapp an den anderen Verkehrsteilnehmern vorbeigefahren, das halten auch Autofahrer so. Das Licht funktioniert oft nicht, Rauchen beim Fahren ist normal, die Freunde links und rechts zu grüßen, hinüberzuschauen und einige Worte zu sagen, das gebietet die Höflichkeit. Und grundsätzlich gilt hier, dass der motorisierte Verkehrsteilnehmer ein Vorrecht hat; die Straße ist schließlich für den Motorverkehr da, nicht für die Fußgänger[2].

Meine anfängliche Angst, mich einem dieser Youngster auf dem Motorrad anzuvertrauen, musste ich bei einer Anreise über Gambia an der senegalesischen Grenze überwinden, aus dem einfachen Grund, weil die senegalesischen Taxifahrer streikten. Es gab schlicht keine andere Möglichkeit weiterzukommen als auf dem Rücksitz einer Jakarta. Nacheinander wechselte ich mit jedem der vier wartenden Jungs einige Worte, schaute nach Helm und Handschuhen, verließ mich aber auf den intuitiven Eindruck im Gespräch. Der entschied schließlich für den zurückhaltenden Lamine, welcher einen feschen Helm auf dem Tank befestigt hatte.

Die 8 km auf der Teerstraße nach Diouloulou konnte ich mir mit ihm vorstellen; er nickte sofort zustimmend, als ich forderte, "doucement, doucement" und nicht mehr als 30 km/h zu fahren und eine Verlängerung unseres Vertrages bis zum Zielort an der Küste nicht ausschloss. Mein 10 Kilo-Köfferchen wurde sorgfältig mit Gummiband auf dem Gepäckträger verschnürt und bildete eine angenehme Rückenstütze auf der tatsächlich geruhsamen Fahrt fast ohne Autoverkehr bis Diouloulou. Den Helm hatte Lamine quasi als Amulett auf dem Tank belassen. Die Fahrt machte Spaß, und es fiel mir leicht, mich Lamine auf der Basis der 30 km/h-Regelung für die folgende 15 km lange Strecke anzuvertrauen. Kurz hinter der Ortschaft bereute ich meinen Entschluss: "In diesem Ortsteil wohne ich!", rief mir Lamine, halb zurückgewendet, fröhlich zu. Das war gleich zu bemerken an den vielen Grüßen, die er nach links und rechts verteilte, mit einer Hand am Lenker, den Blick erstaunlich lange von der Straße weg- und den Bekannten zugewendet. Gut, dass Streiktag war, kein Auto auf der Straße, welche – sonst eine staubige Piste – heute übersichtlich im Sonnenschein vor uns lag. Bald hatten wir Lamines Viertel hinter uns und ich beruhigte mich; wir zockelten gemächlich mit 30 km/h ohne Gegenverkehr dem Gästehaus am Meer entgegen.

Olivier kenne ich flüchtig; er hat mich bei den verschiedenen Aufenthalten im Küstendorf gelegentlich um Geld gebeten. Nun ist auch er Jakarta-Chauffeur. An einem Tag lasse ich mich von ihm in der Mittagshitze zum Strand fahren. Ohne nachzudenken stelle ich ihm vom Sozius aus die Frage, ob er schon mal einen Unfall gehabt habe. Olivier nickt begeistert und beginnt gestikulierend zu erklären, dass er vier Unfälle hatte. Ich bereue sofort meine Frage, sie schafft die besten Bedingungen für den fünften Unfall …

Einmal sei eine Ziege über die Straße gelaufen, der habe er nicht mehr ausweichen können, sei gestürzt und habe sich hier – seine linke Hand fasst zum linken Knöchel hinunter – verletzt. Ich verwünsche meine unfallträchtige Neugier und sage keinen Ton, aber Olivier ist nicht mehr zu bremsen. Dann sei der Hund in der Nacht da gewesen, den habe er gar nicht gesehen und beim Ausweichen im letzten Moment sei er in ein Loch geraten. Mein Kopf ist weit vorgestreckt, liegt auf seiner Schulter, um ihn daran zu hindern, sich beim Erzählen zu mir umzudrehen. Und einmal habe jemand die Autotür geöffnet – eine ausholende Armbewegung –, und beim vierten Unfall sei er auf der Sandstrecke vorm Kalissai-Hotel etwas zu schnell gefahren (was jetzt gerade auch der Fall ist) und gestürzt und habe sich den Arm verletzt – er hebt den rechten Arm hoch: Einen Moment lang glaube ich, nun zieht er die Jacke aus und zeigt mir die Blessur. Danach habe er zwei Wochen nicht aufs Motorrad gekonnt. Das muss dann allerdings schlimm gewesen sein, denke ich und bin erleichtert, dass die Strandbar in Sicht ist und wir sie ohne Unfall erreichen. Ich gebe ihm den geringen Fahrpreis und spare mir die Frage auf, woher das Geld für die Jakarta kommt. Wenn er wieder mit seinen Kollegen an der Straßenecke auf Kundschaft wartet, ist dafür die Situation geeigneter.

Nachtrag 2025: Die chinesischen Fabrikate hier kosten inzwischen nur noch zwischen 400 und 800 Euro je nach Stärke. Schon vor einige Jahren hatte mir ein befreundeter junger Mann erzählt, wie er mit einer Anzahlung und einer Kreditvereinbarung ein Motorrad gekauft und in einem halben Jahr abbezahlt hätte. Es lässt sich tatsächlich leicht ausrechnen, dass mit einer bestimmten Anzahl von Fahrten im Dorf bzw. zu den Nachbardörfern zu den festgelegten Preisen ein ordentlicher Gewinn innerhalb eines Monats zu machen ist. Aber wie es hier üblich ist, passiert Folgendes: Sobald deutlich wird, das ein bestimmtes einfaches Unternehmen profitabel ist, probieren es einige und wenig später viele und der mögliche Gewinn reduziert sich und tendiert gegen Null.

Ich erfahre von einem gut informierten Einheimischen im Gespräch, dass eine Reihe von Dörflern wegen der Aussicht auf schnelle Gewinne ihren Söhnen Motorräder gekauft und für diese Investition einen Teil ihrer örtlichen Grundstücke verkauft hatten. Leider blieben die Gewinne, zumindest in der erwarteten Höhe, aus, es fielen auch Reparaturen an, manche der blutjungen Fahrer wurden in Unfälle verwickelt. Kurz: einige Familien bereuten recht bald den Verkauf des traditionellen Familienbesitzes, zu dem sie sich unter dem Drängen der Söhne entschlossen hatten. - Die neue Regierung will im Sektor des Personentransportes sinnvolle Regelungen vornehmen. So sollen für Motorradchauffeure Helm und Führerschein verpflichtend sein und Nummernschilder zur Identifikation vorgeschrieben werden. Angesichts der immer noch täglichen Zeitungsmeldungen über schwere Verkehrsunfälle mit zahlreichen Toten, oft mit Motorradbeteiligung, ist das überfällig, wird aber wenig nutzen, wenn nicht rigoros entsprechende Kontrollen vorgenommen werden.

(1) Allein in Dakar wurden in den ersten beiden Monaten des Jahres 2013 mehr als 180 Unfälle mit Motorradbeteiligung gezählt (L'Observateur Nr. 2827, 21. Februar 2013) Da die statistische Erfassung sich lediglich auf die in Krankenhäusern behandelten Unfallopfer stützt, kann von einer wesentlich höheren Zahl von Unfällen mit Jakarta-Beteiligung ausgegangen werden.

(2) vgl. den satirischen Text "Die neue Straßenverkehrsordnung", Abschnitt B: 3. Le piéton n'a JAMAIS la priorité. 4. En cas d'absence de piéton (rare), c'est le "deux roues" qui n'a pas la priorité.
https://www.au-senegal.com/code-de-la-route-senegalais-les-regles-de-base,10978.html?lang=fr

Taxi fahren in Ziguinchor

Wie viel entspannter als in der Landeshauptstadt Dakar ist das Taxifahren in Ziguinchor, der Hauptstadt der Region Basse-Casamance! Eine kurze Handbewegung, und einer der in Ziel- oder auch in Gegenrichtung fahrenden schwarz-gelben Wagen hält an. Man steigt mit einem "Bonjour, ça va?" ein und gibt das Fahrziel an. Der Einheitspreis von seit kurzem 1000 CFA (1,50 Euro, zuvor über viele Jahre 500 CFA) im Stadtgebiet macht jede Diskussion über den Fahrpreis, die in Dakar recht nervig sein kann, ganz unnötig. Nur spät nachts und vom (zur Zeit geschlossenen) Flughafen aus sind die Preise höher. Der Taxifahrer kann weitere Fahrgäste für die gleiche Strecke dazunehmen, auch mit einem kleinen Umweg. Manchmal wird gefragt, ob das okay ist, manchmal wird ganz selbstverständlich für einen weiteren Fahrgast angehalten, besonders, wenn das erste Fahrziel etwas weiter entfernt liegt. Kein einziges Mal habe ich, im Unterschied zu Dakar, hier die "Bitte" um eine Erhöhung des Fahrgeldes oder um ein Trinkgeld "für den Tee" gehört.

Es sind immer noch viele Taxis in Ziguinchor im Einsatz, sodass tagsüber für den Taxikunden kaum Wartezeiten anfallen. Die schwarze Lizenznummer auf der gelben Tür gibt keine verlässliche Auskunft über die Zahl der Wagen, denn abgelaufene, zurückgegebene oder still liegende Lizenznummern werden nicht wieder vergeben. Klagten in den Gesprächen vor wenigen Jahren fast alle Chauffeure über die enorm gestiegene Taxizahl, hat sich diese seit einiger Zeit zugunsten der überall anzutreffenden Jakartas, die meist von jüngeren Leuten benutzt werden, etwas verringert.

Das erschwert dem einzelnen Taxifahrer sein Auskommen. Bei etwa 10.000 CFA (= 15 Euro) Benzinkosten und 15.000 CFA (= 23 Euro) Abgaben an den Patron pro Tag (die meisten Chauffeure fahren für den Wagenbesitzer) kommen 25.000 CFA zusammen, die von 25 Fahrgästen erst einmal bezahlt werden müssen. Die Kosten für die Versicherung, an die 20.000 CFA pro Monat, die Lizenzkosten, die Kosten für Reparaturen, welche bei den schlechten Straßen und dem Dauereinsatz der Wagen oft anfallen – all dies kann die Rentabilität des ganzen Unternehmens schnell beeinträchtigen.

Die Chauffeure sind ganz unterschiedlich in Alter, Bildung, Sprachvermögen und Fahrverhalten. Mitunter spricht der Fahrer nur wenig Französisch, dann kann es etwas schwierig werden. Einmal wollte ich zur Ecole de Coiffure François Mitterand im Stadtteil Santhiaba. Von meinen Angaben verstand der Chauffeur "Santhiaba" und "école", daher wollte er mich an der Grundschule im Stadtviertel absetzen. Nur mit Hilfe eines Passanten konnte ich ihm meinen Zielwunsch verständlich machen; er musste sich zudem den Weg noch zweimal erklären lassen. Auf Gesprächsangebote gehen die Chauffeure, wie die meisten Menschen im Senegal, gerne ein. Umkehrt sind Fragen an den weißen Fahrgast eher selten bzw. beschränken sich meist auf die Frage nach der Nationalität und nach der Dauer der Ferien.

Im Iberia-Büro

Meine Zahnschmerzen haben in den letzten drei Tagen nicht nachgelassen, die Medikamente sind aufgebraucht; dieser Zustand verdirbt mir den Spaß am Aufenthalt, und mit dem Gedanken an den Besuch bei einem einheimischen Zahnspezialisten kann ich mich nicht anfreunden. Den Entschluss, den Rückflug eine Woche früher anzutreten, fasse ich daher schnell, doch die Umsetzung nimmt längere Zeit in Anspruch.

Die Iberia-Agentur in Dakar finde ich nach zwei in die Irre führenden Antworten auf meine Fragen. In dem unterkühlten Büroraum warten zehn Personen, zwei sitzen den beiden schwarzen Sachbearbeiterinnen am Schreibtisch gegenüber, der dritte Platz ist nicht besetzt. Nach 15 Minuten zeichnet sich noch keine Änderung ab, abgesehen davon, dass zwei Personen nach mir eingetreten sind.

Ich nehme eine Gelegenheit wahr, mich vorzudrängen und der Sachbearbeiterin meine Notsituation leicht dramatisierend darzulegen. Sie zeigt Verständnis, und ich bekomme eine bessere Warteposition am dritten Tisch. Ein leichtes Schuldgefühl lässt mich auf Unmutsgeräusche der hinter mir wartenden Senegalesen achten, die jedoch ausbleiben. Warten ist man gewohnt und dass Weiße bevorzugt behandelt werden, wohl ebenfalls.

Es vergehen 40 Minuten, bis der Kunde endlich bedient ist. Allein das Zählen und Verstauen seiner dicken Bargeldbündel braucht einige Zeit. Als plötzlich der Strom ausfällt, bekomme ich einen Schreck; die Rechner fahren runter, die Klimaanlage verstummt, es wird ruhig im Raum; niemand scheint beunruhigt, schweigend wird das Unvermeidliche hingenommen. Nach einer Minute ist der Strom wieder da, und die Büroangestellte fährt fort, auf den fünf Tickets mit gelbem Marker etwa die Hälfte der Druckseiten anzustreichen. Die Blätter werden sorgfältig gefaltet, dann getackert und schließlich noch mit einigen, wahrscheinlich überflüssigen, handschriftlichen Notizen versehen. Wenn es wirklich ein Notfall wäre, würde ich wohl spätestens ausrasten, als sie beginnt, nervös mit dem Kuli im Tacker herumzustochern, der sich fürs Nachfüllen nicht öffnen lässt. Zwischendurch wird kurz das Headset aufgesetzt und ein Anruf beantwortet. Anrufe, die in Phasen des Geldzählens oder der Tastaturbedienung fallen, können leider nicht entgegengenommen werden.

Dann hat sie endlich Zeit, sich um mein Anliegen zu kümmern, welches überraschend schnell erledigt ist: Zu einem recht hohen Umbuchungspreis und unter Inkaufnahme einer langen Wartezeit in Madrid kann ich noch am selben Abend fliegen und bekomme mein Ticket ausgehändigt – sorgfältig gefaltet, getackert und gelb markiert an willkürlich gewählten Stellen. Beim Verlassen der Agentur erkenne ich auf den Stühlen einige der Personen, die dort vor über einer Stunde gesessen haben. Gleich ist Mittagspause; war ihre Wartezeit vergeblich, werden sie noch bedient oder erhalten sie eine Marke für den Nachmittag?

Iberia-Besteck

Auf der Flugstrecke Madrid – Dakar sitze ich neben einem jungen Schwarzen, der nach dem Essen sorgfältig erst sein eigenes Besteck, dann das seiner Begleiterin abwischt. Er fragt mich, ob er auch mein Besteck haben könne. Klar, warum nicht? Ich reiche es ihm und sehe zu, wie er auch dieses säubert und mit den beiden anderen in seiner Jacke verstaut. "Im Dorf haben wir davon nicht viel", meint er erklärend, als er meinen interessierten Blick bemerkt. Ob es keine Probleme gebe beim Einsammeln der bestecklosen Tabletts, frage ich. Nein, nein, das mache er auf seinen Flügen immer so, das habe nie Probleme gegeben.

Er könnte auch die Mitreisenden vor und hinter seiner Stuhlreihe fragen: "Entschuldigung, kann ich Ihr Besteck haben, wenn Sie fertig sind mit dem Essen? Ist für mein armes Dorf!"

Oder warum nicht gleich die freundliche Stewardess beim Abräumen um die Übergabe aller Bestecke bitten, gerne abgespült? Sicher haben alle Verständnis dafür, dass man im Dorf Messer,

Gabeln, Löffel braucht. Die armen Menschen müssten ja sonst mit den Fingern essen!

Wie wird es im Dorf nach sechs, sieben Flügen dieses Entwicklungshelfers in Sachen Essmanieren wohl aussehen? Kaum einer dort wird die Metallteile zum Essen benutzen. Aber es wird einen Laden geben, vielleicht auch einen Straßenverkaufsstand, wo Gabeln, Messer, Löffel für wenig Geld angeboten werden. Vielleicht gibt es auch einen Abnehmer in der nahen Kleinstadt, der den Weiterverkauf organisiert. Ja, wenn ich mich recht erinnere: Bin ich nicht letztens auf dem Markt von Ziguinchor an einem Stand mit einem Haufen "Iberia"-Besteck vorbeigegangen ...?

Zwischen Bignona und Diouloulou

Auf der Strecke zwischen Bignona und Diouloulou in der Casamance folgte bis etwa zum Ende der 2010er Jahre ein Militärposten dem nächsten nach wenigen Kilometern. Auf diesem Weg hatte man den Eindruck, eher in ein umkämpftes Krisengebiet zu fahren als zu kleinen Touristenorten an der Küste. Auch die wiederholt auf Schildern angegebene Notfall-Telefonnummer beruhigte nicht wirklich, sondern bewirkte eher das Gegenteil[1].

Eine gewisse Beklemmung stieg auf angesichts von Unterständen, Gräben und Gewehrläufen in den durchfahrenen Ortschaften. Baumstämme auf dem Asphalt zwangen zum Schritttempo, an mehreren Kontrollposten mussten die Passagiere aussteigen und ihre Papiere vorzeigen.

Die meist jungen bis sehr jungen Militärs waren zwar überwiegend korrekt und freundlich, konnten aber die Weiterfahrt durch ausgiebige Kontrollen der Fahrzeuge und des Gepäcks mehr oder weniger lange verzögern.

Der 50 km lange Straßenabschnitt wird immer noch abends gesperrt und am Morgen wieder geöffnet. So soll möglichen Überfällen durch bewaffnete "Separatisten" der Casamance vorgebeugt werden, die schon einmal Wagen angehalten und die Insassen ausgeraubt haben. Und auch der Straßentransport des zunehmend auf den Inseln im Mangrovenbereich des Casamance-Flusses angebauten Haschisch soll so erschwert werden. –

Die Fahrt mit dem Septplace von Ziguinchor über Bignona an die Küste nördlich des Casamance-Flusses ist im Prinzip eine Fahrt von knapp zwei Stunden, kann sich aber schnell zu einem Halbtagesprojekt ausweiten. Wer wie ich dem Warten etwas abgewinnen kann, mag schon am „Busbahnhof" in Ziguinchor eine gute Zeit verbringen, bis sich die sieben Fahrgäste eingefunden haben[2]. Für die Chauffeure kann eine lange Wartezeit ihr Tagesgeschäft durchaus beeinträchtigen; bei einem frühen Start und mit kurzen Wartezeiten wird die Strecke drei oder gar vier Mal befahren, mit langen Wartezeiten zwei Mal. Lange Standzeiten können nur eingeschränkt durch eine hohe Geschwindigkeit unterwegs ausgeglichen werden. Die Hindernisse auf der Strecke in Form von links und rechts versetzt platzierten Baumstämmen finden sich nicht nur bei den Militärposten, sondern in fast jeder Ortschaft, wo sie die Bewohner vor dem gerne schnell fahrenden Durchgangsverkehr schützen sollen. Die Chauffeure kennen die Strecke sehr gut: Schlaglöcher, die ich vom komfortablen Beifahrersitz aus nicht erkennen kann, kennt der Fahrer aus Erfahrung und weicht ihnen früh mit einem leichten Schlenker aus. Auch das Gegenteil kann der Fall sein: Lenkmanöver in letzter Sekunde sind nicht selten. Für einige Fahrer ist es eine Herausforderung, die halb mit

Baumstämmen versperrte Straße mit der höchstmöglichen Geschwindigkeit zu passieren. Warum bremst er nicht!? Wenn das mal gut geht!, denke ich, und mit kaum reduzierter Geschwindigkeit und minimalen Lenkbewegungen haben wir die Sperre schon hinter uns. Den Abstand zu den Stämmen wage ich kaum zu schätzen; es dürften wenige Zentimeter gewesen sein. Einem zu forschen Fahrer sage ich nach einer waghalsigen Durchquerung: "Langsam, langsam, denken Sie an Ihre Verantwortung für die Fahrgäste!" Außer einem "Oui, oui" geschieht nichts, das nächste Hindernis wird mit dem gleichen übertrieben sportlichen Ehrgeiz angegangen. Es ist nicht das erste Mal, dass mir die Sorglosigkeit oder, genauer gesagt, das fehlende Verantwortungsbewusstsein vieler Chauffeure hier auffällt. Ob dies mit dem Fatalismus, der verbreiteten Ergebenheit in das von Allah vorbestimmte Schicksal zusammenhängt? Oder mit der als selbstverständlich praktizierten Machtposition des Chauffeurs, dessen Vorrang vor Radfahrern, Fußgängern und Tieren riskant ausgelebt wird? –

Anne hat keine Probleme mehr bei Kontrollen auf dieser Strecke; ihr roter Wagen wird meist freundlich durchgewunken. Vor einiger Zeit hatte ein kontrollierender Soldat die offene Zigarettenschachtel auf der Ablage vor der Windschutzscheibe bemerkt und Anne um eine Zigarette gebeten. Zufällig war es die letzte; Anne bot sie dem jungen Militär an, welcher höflich ablehnte mit dem Hinweis, das ginge nicht, er wolle ihr nicht die letzte Zigarette wegrauchen. Anne bestand auf ihrem Angebot; der junge Mann nahm schließlich die Zigarette, bedankte sich, und nach einem kurzen, freundlichen Wortwechsel konnte Anne weiterfahren. Bei einer der nächsten Kontrollen an diesem Posten erkannte der Soldat Anne wieder, und ohne Zigarette und

Kontrolle, aber mit einigen Scherzworten konnte sie an diesem Tag weiterfahren. Bereitwillig hatte der junge Mann ihr seine Telefonnummer überlassen, von der sie einmal bei einer Kontrolle durch seinen Kollegen an anderer Stelle Gebrauch machte und so auch hier fortan mit Grußwort und Handzeichen zügig durchkam.

Zuvor war das Durchkommen gelegentlich recht schwierig: Einmal wurden die in der Regionalhauptstadt gekauften Weinflaschen Marke „Rapadas" – ein im Senegal recht ordentlicher Rotwein portugiesischen Ursprungs – bei einer Straßenkontrolle beanstandet: Das sei Schmuggelware aus Guinea-Bissau, damit mache Anne sich strafbar, das bedeute 3 Jahre Gefängnis … Und der Kontrolleur nahm den Weinkarton an sich. Anne und ihr einheimischer Begleiter blieben ruhig, beteuerten ihr Unwissen und ihre Unschuld. Anne bot eine Zigarette an, man kam ins Gespräch, auch über die Qualität der hier angebotenen Weine, mit denen der Kontrolleur erstaunlich vertraut war. Nach einer guten halben Stunde zunehmend lockerer Konversation und in einer schließlich nahezu freundschaftlichen Atmosphäre gab der Beamte gutmütig das Zeichen zum Weiterfahren. „Und was ist mit dem Wein?", fragte der Begleiter, die gute Stimmung voll ausnutzend. Die Flaschen wurden ihm wortlos ausgehändigt. Bevor Anne den Wagen starten konnte, beugte sich der beamtete Weinkenner zu ihr hinunter, steckte ihr einen Zettel zu und meinte, wenn sie demnächst Bedarf an diesem guten Rapadas habe, hier sei seine Telefonnummer. Sie solle ihn einfach anrufen, er werde mit dem Wein vorbeikommen, garantiert zu einem guten Preis … –
Anne war mit zwei Begleitern zu einer Radtour von der Küste nach Bignona aufgebrochen. Früh in der Dämmerung bei wenig Verkehr und frischer Morgentemperatur ging es los über die

ebene, asphaltierte Strecke, die sich für Radtouren geradezu anbot. Kurz vor dem Ziel gab es dann eine Kontrolle durch einen Beamten, der Anne als Fahrerin ihres roten Minivans kannte. Ob das ihr Rad sei? Wohin sie wolle? Wo sie denn das Rad her habe? Wo die Kaufbescheinigung sei? Das gut erhaltene, aber keineswegs neue Rad befand sich seit längerem in Annes Besitz, was ihr der kontrollierende Beamte nicht glauben wollte. Sie habe doch ein Auto, dieses rote, warum sie denn dann mit dem Rad fahre?? Sie wolle eben eine Radtour machen. Der Kontrolleur schüttelte den Kopf, überzeugt, bei diesem und den Rädern ihrer Begleiter handle es sich um Schmuggelware aus Gambia, die auf diesem raffinierten Wege in den Senegal gebracht werde. Wer ein Auto hat, fährt nicht Fahrrad; das war die zwingende Logik, von der sich der Kontrolleur erst nach einem längeren Gespräch, zwei Zigaretten und einer Kleingeldübergabe abbringen ließ. –

Die Rückfahrt der kleinen Studentengruppe nach einer Woche Aufenthalt an der Küste fand an einem Kontrollposten kurz vor Bignona ein vorläufiges Ende. Irgendeine Bescheinigung fehlte dem Fahrer Babou, der glaubhaft beteuerte, nie zuvor etwas von diesem Papier gehört zu haben. Es war um Tabaski, eine Zeit, in der jeder Senegalese Geld braucht und in der Kriminalität und Korruption im Lande zunehmen. Der korpulente Polizist hatte seinen Stuhl etwa 30 m von der Straße in den Schatten eines Baumes gestellt, wohin er nun Babou zwecks Verhandlungs-palaver heranwinkte. Bald kam dieser zurück und meinte etwas verzweifelt, der Polizist wolle ihn nur für 15.000 CFA weiterfahren lassen. Wir standen nicht arg unter Zeitdruck, daher bat ich Babou, den Preis herunterzuhandeln. Er ging zurück, sprach weiter mit dem Polizisten. Als die Studentinnen interessiert nach dem Grund des Haltes fragten, schlug ich vor, dass sie sich selbst ein Bild machen und zur Unterstützung von Babou und zur Entspannung der Situation zum Ort der Verhandlung gehen sollten. Zwei recht aufgeweckte und einigermaßen gut französisch sprechende junge Frauen, beide mit langen blonden Haaren, schlenderten daraufhin zu Babou und wurden gleich in die Unterhaltung einbezogen. Nach einigen Minuten bat ich zwei weitere "Verhandlungshelferinnen" um ihre Unterstützung, sodass der schwarze Polizist nun von den jungen Toubabfrauen umringt war. Tatsächlich dauerte es nicht lange, bis unser Chauffeur und die Studentinnen zurückkamen und Babou nun nur noch 5000 CFA für die Weiterfahrt brauchte. Die Studentinnen waren allerdings leicht entsetzt, hatte der Polizist doch zuerst angeboten, gegen Zurücklassung einer Frau die Weiterfahrt zu gewähren, dann mit Babou über den Preis für zwei, schließlich für eine der jungen Frauen zu verhandeln begonnen. Eine recht lebhafte Diskussion über die Rolle der Frauen und das Machoverhalten der Männer im Senegal bestimmte die Kommunikation in der Gruppe bis in den Abend hinein.

*(1) **Zum Casamance-Konflikt:***
http://www.kas.de/wf/doc/kas_17946-544-1-30.pdf (2009)
http://www.kas.de/wf/doc/kas_20669-544-1-30.pdf?100930131236
(2010)

(2) "Das Warten auf den letzten Fahrgast kann Stunden dauern. Einmal haben wir dreieinhalb Stunden auf den letzten Fahrgast gewartet. Ich habe mir oft überlegt, was denn geschähe, wenn der letzte Fahrgast nicht käme, ich habe die Leute gefragt, ob man dann, in den Wagen gepfercht, übernachte, doch alle sagten, der letzte Fahrgast komme immer; er kommt auch immer, gerade dann, wenn man sich fühlt, als würde man mit Fisch und Hühnern und allen starken Gewürzen des Landes gesotten, wenn Halluzinationen sich einzustellen beginnen, ein wacher Halbschlaf, in dem man sein Gesicht als Maske empfindet, vor der eine Menge von nahvertrauten Gläubigen räuchert und alle lauten Geräusche zu einem Unisono verschwimmen, dessen komplizierte, einander überkreuzende

Rhythmen man leibhaftig zu verspüren glaubt.Dann plötzlich ist der letzte Fahrgast gekommen, die Sinne werden hellwach, man preßt sich an die Nachbarin, von jenem letzten, der die Tür zu schließen versucht, unter Entschuldigungen gepresst und geschoben, vorn schiebt sich der Fahrer auf seinen Sitz, und los geht's in sausender Fahrt, was immer der Wagen hergibt, als gälte es, alle Wartezeiten auf alle letzten Fahrgäste wieder einzuholen." Janheinz **Jahn**, *Durch afrikanische Türen. Büchergilde Gutenberg Ffm 1960, S. 54*

Kurzbesuch am Soungrougrou

Schon der Name weckte mein Interesse: SOUNGROUGROU, das klang so lockend wie Timbuktu, so weit weg wie Paramaribo, so geheimnisvoll wie Angkor Wat. Darüber wollte ich mehr erfahren und erleben und plante für den nächsten Aufenthalt in der Casamance einen Besuch im Flussgebiet des Soungrougrou. Dieser Nebenarm des Casamance-Flusses mit seinen knapp 100 km Länge durchfließt ein touristisch fast unerschlossenes Gebiet. Östlich der Nationalstraße Nr. 4 gelegen, ist das Gebiet am Soungrougrou zwar von Ziguinchor oder Bignona aus gut zu erreichen, hat aber bis auf die Stadt Sedhiou und einem Dorf mit einfachen Campements keine entsprechende Infrastruktur.

Modou stammt aus Marssasoum am Soungrougrou; zur Zeit hatte er hier im Küstendorf keine Arbeit, also fragte ich ihn, ob er die Gegend dort genauer kenne und für ein paar Tage als bezahlter Begleiter zum Soungrougrou mitkommen wolle. Modou wusste auch sofort, dass es entgegen meinen älteren Informationen in Marssasoum nun zwei Campements gebe, ein gerade fertig gestelltes, das er vor einem Monat gesehen habe, und eines, das von den dort ansässigen katholischen Brüdern als Gästehaus betrieben werde. Umso besser; wir vereinbarten, am übernächsten Tag aufzubrechen.

Nach Bignona nehmen wir den Septplace, dann den Car nach Marssasoum, wo eine kleine Fähre den Soungrougrou überquert. Die Wartezeit in der Hitze bleibt mit der Aussicht auf den Fluss und einer gelegentlichen leichten Brise recht angenehm. Auf der anderen Seite wird seltsamerweise an einem Militärposten der Pass kontrolliert; die üblichen Übertragungen in ein großes Wegwerfbuch werden vorgenommen, dann können wir weitergehen.

Gleich hier sei das Campement, meint Modou, und weist auf den Neubau am Fluss. Das helle, neue Gebäude direkt an der Anlegestelle ist umzäunt, das Tor geschlossen, drinnen ist niemand zu sehen. Auf dem großen Schild am Tor steht zu lesen "Foyer rural de Marssasoum". Auf Modous Nachfrage sagt man uns, das Foyer sei noch nicht in Betrieb und Übernachtungen seien hier nicht möglich.

Wir gehen zum Haus der Familie von Modou, der hier dem Toubab ein Zimmer in Aussicht stellt, sodass zumindest die Bleibe für die Nacht gesichert ist. Zuvor aber besuchen wir nach einem 20-minütigen Marsch die katholischen Brüder am Ortsrand bzw. die halb fertigen – oder halb verfallenen – Gästehütten. Wird bestimmt mal ganz nett hier, wenn es denn irgendwann tatsächlich fertig wird. Es wirkt so, als würde auf dem Gelände schon recht lange gewerkelt.

Es ist noch ausreichend Zeit für eine erste Flusserkundung; wir gehen zur Anlegestelle, wo Modou den Pirogenführer seines Vertrauens sucht. Er heißt Idri und will überraschend viel Geld für eine einstündige Rundtour auf dem Fluss. Modous Verhandlungsbereitschaft erlahmt recht schnell, und der zwischen den beiden ausgemachte Preis scheint mir zu hoch. Ich mische mich mit einem niedrigeren letzten Angebot ein, allerdings mit der Aussicht, dass wir morgen mit dem Pirogenkapitän eine weitere, längere Fahrt machen wollen. Idri ist nach kurzem Zögern einverstanden, und schon sitzen wir in dem alten, wackligen Boot, dessen Motor nach mehreren Startversuchen anspringt. Schnell lassen wir den verdreckten Anlegebereich hinter uns. "Hier war es vor 10 Jahren ganz sauber; wir haben im Wasser gespielt, Fische gefangen", erzählt Modou; jetzt liegen Autoreifen, Bauschutt, undefinierbarer Plastikmüll in der stinkenden Brühe. Bald haben wir die Mitte der großen Wasserfläche erreicht, und die Häuser von Marssasoum verlieren sich im Grün des Uferstreifens. Es ist frisch, die Nachmittagssonne verliert an Kraft, ich genieße die kühle Brise.

Wir sind eine gute halbe Stunde gefahren, haben einen Seitenzufluss passiert und sind zwei Fischerbooten begegnet. Modou schlägt vor, ein kleines Töpferdorf zu besuchen, welches sich nah beim Fluss befinden soll. Gute Idee, nur sollte der Besuch nicht zu lange dauern, da die Sonne schon recht tief steht. Kaum hält Idri auf das Ufer zu, setzt der Motor der Piroge aus. Wiederholtes Ziehen an der Anlasserschnur bleibt ohne Ergebnis. Wir sind noch weit vom Ufer entfernt, keine anderen Boote sind in Sicht. Während Idri am Motor herumbastelt, genieße ich die Ruhe auf dem Fluss und das rötliche Licht der tief stehenden Sonne, das farbige Reflexe auf das Wasser wirft. Meine Bedenken, dass der Motor den Geist völlig aufgegeben hat, sind gering. In ähnlichen Reisesituationen ist es den Senegalesen mit ihrem Reparaturtalent fast immer gelungen, einen streikenden Motor wieder zum Leben zu erwecken. Manchmal mussten allerdings Ersatzteile vom nächsten Ort beschafft werden, was die Wartezeit verlängerte. Es beruhigt mich zudem, dass sich ein Paddelpaar im Boot befindet und wir daher sicher nicht die Nacht auf dem Wasser verbringen werden. Immerhin schlage ich dann Modou vor, dass wir den Besuch im Töpferdorf streichen; und als hätte der Motor dies gehört, springt er bei einem der nächsten Startversuche wieder an. Vielleicht lag alles an einem unguten Verhältnis zwischen Motor und Töpferdorf? Ohne weitere Aussetzer tuckern wir über den im Abendlicht glitzernden Fluss nach Marssasoum zurück und gehen zu Modous Elternhaus.

Hier hat inzwischen ein Schüler sein Zimmerchen für eine Nacht dem weißen Überraschungsgast abtreten müssen. Das Inventar ist übersichtlich: eine Matratze am Boden, ein Moskitonetz, ein Stuhl, zwei Taschen des Schülers. Die Toilette hinterm Haus ist die übliche Grube in einem halbhohen Blechplattenverschlag. Wasser zum Waschen und zum Spülen muss in einem Eimer mitgenommen werden. Die Hockhaltung beim Klogang macht mir in den letzten Jahren zunehmend Probleme – auch ein Grund für die Entscheidung, im Haus nicht länger als eine Nacht zu verbringen.

Der Weg zur Bierausgabe bei den Katholiken ist der selbe wie vor sechs Jahren[1]; erst nach einigem Feilschen kann die Pfandfrage für die ungekühlte Bierflasche geklärt werden. Die einfache Reis-mit-Soße-Mahlzeit wenig später im Hof wird durch das unheilige Getränk angenehm ergänzt. Wir sitzen mit einigen Männern zusammen, die nebenan ein Haus errichten und währenddessen hier wohnen, sowie zwei Schülern des Lycée, die in diesem Jahr ihr Abitur machen wollen. Die Plaudereien mit den Schülern, die mit mir ihr einfaches Englisch praktizieren, dauern eine ganze Weile; wieder bin ich erstaunt über die optimistischen Zukunftsvorstellungen, die sich die Jungs machen. Als stünde eine vielfältige Berufswelt ihnen offen, als gäbe es keine Arbeitslosigkeit bei Tausenden von Jugendlichen mit und ohne Abitur im Senegal. Aber "Dieu est grand", wie es hier gerade in schwierigen, ja ausweglosen Situationen oft zu hören ist.

Die schwüle Nacht auf der durchgelegenen Matratze ist wenig erholsam. Mein Blick wandert immer wieder zu der fast kunstvoll mit aneinander genähten Reissäcken abgehängten Decke: Riz de Vietnam, Riz de Thailand, Riz d'Inde ... Der einheimische Reis kommt nicht in den Verkauf, sondern dient der Selbstversorgung der Familien. Durch das mit einem dünnen Stoff verhängte offene Fenster kommen einzelne Mücken und alle Geräusche herein. Der gewohnte Döseschlaf erfasst mich irgendwann.

Das Frühstück am nächsten Morgen fällt karg aus: Néscafe und ein Stück Brot. Die Temperaturen sind noch angenehm; die familiäre Atmosphäre im Hof ebenfalls. Mutter, Tochter und Enkeltochter sind ins Haareflechten vertieft, ein kleiner Smalltalk mit dem Toubab ist gleichzeitig möglich. Diese verbreitete Beschäftigung senegalesischer Frauen kann stundenlang dauern; oft ist auch nichts anderes zu tun und die Frauen überlassen sich unter Plaudern und Tratschen ganz dieser sozialen Tätigkeit.

Beim Abschied wird eine "Spende" für die gastfreundliche Aufnahme gerne angenommen, dann geht's zur Anlegestelle. Idri ist schon da, möchte die Gelegenheit für einen guten Verdienst nicht verpassen, und wir einigen uns schnell auf einen akzeptablen Preis. Allerdings habe ich keine klare Vorstellung, wie weit es tatsächlich bis Souda ist. "Zwei Stunden", meint Modou, der Piroguier nickt. Der Benzinvorrat steht in Plastikflaschen beim Motor; getankt wird, indem der Zuführschlauch in eine andere Flasche umgesteckt wird. Unser Boot ist das einzige auf dem Fluss, die Brise frisch und das Motorgeräusch nicht zu unangenehm, um die Freude an der Fahrt entscheidend zu schmälern. Ich versinke bald ins Betrachten der wechselnden Uferbeschaffenheit, der großen Vögel, die hier und da auf Sandbänken, am Ufer, in Bäumen herumsitzen, der glitzernden Wasseroberfläche, die immer wieder von aufspringenden Fischen durchbrochen wird. Was für ein schöner Morgen, was für eine schöne Fahrt! Zwar lege ich den Fotoapparat nicht aus der Hand, doch ich weiß, dass die Fotos nicht die Atmosphäre und meine Eindrücke auf dieser Flussfahrt wiedergeben können. Und dann geht diese überraschend schnell dem Ende zu: Wir biegen in einen Seitenarm ein, der immer schmaler wird. Geht es hier überhaupt noch weiter? Idri kennt sich aus und hält schließlich in Rufweite einer kleinen Gruppe, die offensichtlich an einer Haltestelle auf ein "Wassertaxi" wartet. Modou und ich steigen aus, keine 90 Minuten Fahrt sind vergangen. Wir wünschen Idri eine gute Rückfahrt und waten durch den Matsch. Aufgeregtes Winken der keine 100 m entfernten Menschen macht uns deutlich, dass wir nicht *hier*, sondern *da* herum gehen sollen. Modou weist auf den trügerischen Untergrund hin – zu spät: Ich stecke bis zum Unterschenkel im Schlamm. Vorsichtig suchen wir einen Weg über die teils von kleinen Rinnsalen durchzogene, täuschend krustig-fest wirkende Oberfläche, durch die immer wieder Einbrüche erfolgen. Als wir bei der Gruppe ankommen, sind unsere Beine bis zu den Knien mit Schlamm verschmiert, der auf dem 15-minütigen Fußweg zum Dorf fest antrocknet. Dort machen wir eine Pause, bekommen Wasser zum Reinigen, und Modou bemüht sich fürsorglich um meine verdreckten Turnschuhe.

"Wo ist denn hier das Campement?" Verständnisloses Starren, dann Kopfschütteln: Ein Campement gibt es hier nicht. Wo denn die Deutschen von der Hilfsorganisation übernachtet hätten? Eine vage Handbewegung Richtung Straßenverlauf. Modou organisiert zwei Jakartas und wir fahren Kindergarten, in dem anscheinend Besuchergruppen gelegentlich provisorisch untergebracht werden, der aber jetzt nicht zur Verfügung steht. Also lassen wir uns gleich weiter zur Hauptstraße fahren, um unterm Fromager auf einen Wagen nach Coubalan zu warten. Dort, das weiß ich sicher, existiert ein Campement. Ich bin etwas enttäuscht über Modous unzutreffende Informationen, die den geplanten Aufenthalt und die "Erkundung" des Soungrougrou nun viel kürzer ausfallen lassen. Da seine Hilfe nicht mehr nötig ist, zahle ich ihm den vereinbarten Begleiterlohn aus. Unsere gemeinsame Zeit ist wenig später zu Ende, als ich in Coubalan aus dem Car steige; Modou fährt weiter nach Ziguinchor. Ich verspreche ihm, die Fotos beim nächsten Besuch mitzubringen, und verbringe in der funktionierenden Nasszelle des Campementzimmers eine angenehme kleine Ewigkeit unter der tröpfelnden Dusche.

(1)   vgl. Marssasoum in: R. Lienemann, Weisheit im Buschtaxi, S. 72

Niafrang

Crevettenzucht

Etwas abseits von Ndangane-Sambou, an einem der Meeresarme des Saloum-Flusses, investierte ein spanischer Unternehmer Ende der 90-er Jahre in eine Crevetten-Farm. Mit den hierfür bewilligten öffentlichen Geldern wurde zuerst der Bau einer weiträumigen Umzäunung mit über 1000 Zementpfählen, dann der zweier Lagerhäuser finanziert. Die Zufahrtspiste wurde verbessert, so dass sie auch als Landebahn für den kleinen Privatflieger des Spaniers Don Pedro dienen konnte. Auch mit dem Bau von zwei großen Zuchtbecken und einer Pumpstation wurde begonnen, doch dann, nach einem guten Jahr etwa, stockte das Unternehmen aus unklaren Gründen. Im Dorf kursierten unterschiedliche Ansichten hierzu: Es fehle eine Konzession, es fehle Geld für den Weiterbau, der Spanier habe Steuerschulden etc. Viele Menschen in Ndangane, die sich einen Job in dem Zuchtbetrieb erhofft hatten, waren enttäuscht, hatten aber die Hoffnung auf Arbeit noch nicht aufgegeben. Dazu trug bei, dass sich Don Pedro immer wieder auf der umzäunten Baustelle sehen ließ, den Einheimischen vom baldigen Weiterbau erzählte und auch einen Verwalter sowie einige Männer zur Bewachung des riesigen Geländes angestellt hatte. Er landete mit seinem zweimotorigen Flieger meist spät abends oder nachts, empfing auch Freunde oder Geschäftspartner, die ebenfalls mit dem Flieger anreisten. Das zog sich so etwa drei Jahre hin, es gab keine Fortschritte bei den Bauarbeiten, und nicht eine Crevette wurde dem Markt zugeführt. Dann kam Don Pedro nicht mehr; die Wächter wurden nicht mehr bezahlt, der Dorfchef, der von Don Pedro profitiert hatte, wusste nichts Konkretes. Der Verwalter wurde eines Tages von der Polizei abgeführt, aber nach zwei Tagen wieder freigelassen. Danach ging ein Gerücht im Dorf um und hielt sich hartnäckig: Don Pedro habe nie vorgehabt, eine Crevettenzucht anzulegen. Das abseitige Gelände mit der Umzäunung diente allein als Landeplatz für die Kleinflugzeuge, die aus den angrenzenden Ländern Guinea-Bissau und Guinea-Conakry Drogen einflogen, welche von hier aus weitertransportiert wurden. Der Spanier habe in den knapp vier Jahren einen regen Drogenhandel in großem Maßstab betrieben, sei bei internen Streitigkeiten an die Polizei verraten worden und habe sich in letzter Minute ins Ausland abgesetzt. –

Die kleinen westafrikanischen Küstenstaaten sind seit Jahren bekannt für die Einfuhr der südamerikanischen Drogen. Es ist einfach, dies in Staaten wie Guinea-Bissau zu organisieren: Das Durchwinken am Zoll, das laisser-passer bei Straßenkontrollen lässt sich mit mäßigen Bestechungssummen aus den enormen Profiten der Drogenkartelle leicht bezahlen. Die Grenzen werden nicht durchgängig kontrolliert, zahlreiche kleine Pisten über die grüne Grenze, auch von den einheimischen Schmugglern benutzt, ermöglichen den Weitertransport in die Nachbarländer. Noch leichter, schneller und risikoärmer ist der Transport mit dem Flugzeug. Für den Weitertransport gibt es verschiedene Möglichkeiten:

"Kleine Mengen werden von Passagieren im Flugzeug transportiert. Auch gelangt Kokain über den Landweg via Nordafrika nach Europa. Ein besonders wichtiger Transportweg dürfte aber tatsächlich übers Meer gehen. Experten mutmaßen, dass größere Mengen in europäischen Fischtrawlern nach Spanien oder Portugal transportiert werden. Der Fischgeruch verhindere, dass Spürhunde die Drogen schnüffeln können. Und außerdem sei es aufwändig und teuer, solche Schiffe auseinanderzubauen." [1]

Wer als Hotelier oder Unternehmer eine eigene Landepiste unterhält, kommt im Senegal schnell in den Verdacht des Drogenschmuggels. Dieser Verdacht wiederum kann ausreichen, um einen Unternehmer zu ruinieren, wie es 2006 der Besitzer eines noblen Küstenhotels nahe der gambischen Grenze erfuhr. Die zahlungskräftigen, vornehmlich französischen Kunden, die sich dem Angelsport verschrieben hatten, holte er persönlich aus Dakar ab. Ins Visier der Polizei war er wegen nicht bezahlter – weil völlig überhöhter – Steuerforderungen geraten. Nach Don Pedros Fiasko und dem Generalverdacht gegen private Flugplatz-Betreiber war es den Behörden ein Leichtes, den Hotelier wegen Verdachts auf Drogenschmuggel festzunehmen. Die Langsamkeit der senegalesischen Behördenarbeit zusammen mit fehlender Protektion und mangelnder Bereitschaft zu hohen Schmiergeldzahlungen ruinierten den Hotelbesitzer nach kurzer Zeit. Die von einem Manager halbherzig und in die eigene Tasche gewirtschaftete Fortführung des Betriebs schadete dem Hotel zudem. Seit Jahren verfallen die Gästehütten, das vordringende Meer hat den größten Teil des ehemals baumbestandenen Strandbereiches weggespült. –

In Ndangane-Sambou ist der übermannshohe Drahtzaun an vielen Stellen durchschnitten, von den Lagerhäusern stehen nur die Außenmauern, das "Wohnhaus" ist ein verfallender Rohbau. Schon lange ist alles, was verwertbar und abtransportierbar war, aus dem Areal verschwunden. Die Zuchtbecken existieren noch, und seit einiger Zeit hört man in Ndangane, dass eventuell eine „neue Nutzung" erfolgen soll – die Becken könnten für die Salzgewinnung verwendet werden.

(1) Westafrika: Drehkreuz für Kokain
http://www.dw.com/de/westafrika-drehkreuz-f%C3%BCr-kokain/av-19345832
auch: M. Dugge: Schnee über Afrika, Guinea-Bissau ist die Drogen-Drehscheibe
Westafrikas. Dradio Kultur, 1.8.2011, www.deutschlandradiokultur.de/schnee-
ueber-afrika.979.de.html?dram:article_id=152818
vgl. Axel Perry: In Afrika. Kapitel Guinea-Bissau und Mali, S.297ff
*Lesetipp: **Cobra** von Frederick **Forsyth**. Thriller über den Kampf gegen*
südamerikanische Drogenkartelle.

Wasser für das Dorf

Eine niederländische NRO hat den kleinen Küstenort vor 6 Jahren mit einer Wasserversorgung versehen, erst entlang der Hauptstraße für eine geringe Anschlussgebühr, dann auch die links und rechts in zweiter und dritter Reihe liegenden Grundstücke mit etwas höheren Kosten. Ein Wasserturm am Ortsrand mit einer elektrischen Pumpe bringt genügend Druck, um mittlerweile die meisten Haushalte des Dorfes mit gefiltertem, trinkbarem Wasser zu versorgen. Mit der Umstellung von kostenlosem Brunnenwasser auf kostenpflichtiges Kranwasser – jede Abnahmestelle ist mit einer Wasseruhr versehen – war nicht gleich eine Umstellung im Verhalten der Dorfbewohner bezüglich des Wasserverbrauchs verbunden. Natürlich profitierten die Haushalte gerne von dem bequemen Wasserzugang auf dem eigenen Grundstück. Auch die Nachbarn, die noch keinen Anschluss hatten, bedienten sich häufig am neuen "robinet". Der vorher nur durch die Mühen des Wasserziehens am Brunnen begrenzte Wasserkonsum erhöhte sich bald durch das einfache Auf und Zu am Wasserhahn, durch Unachtsamkeit, mit der vor allem Kinder den Hahn bedienten, durch die unübersichtliche Mitbenutzung der modernen Errungenschaft durch Mitbewohner, Nachbarn, Freunde und Verwandte.

Als die ersten Quartalsrechnungen fällig wurden, brachten diese einige Überraschungen mit sich: Für das bislang kostenlose Wasser nun *so viel* zu zahlen, war für viele Familien schwer zu verstehen. Es kam in Einzelfällen sogar zu Abmeldungen von der Wasserversorgung. Die Eintreiber der Wasserrechnungen hatten Mühe, das Geld zu bekommen; sie wiesen vergeblich auf den Zähler am Wasserhahn hin, der den Verbrauch ja genau registriert habe und mussten sich in vielen Fällen mit den Verbrauchern auf kleine Ratenzahlungen einigen.

Dies ging eine Zeit so weiter; der eher verschwenderische, unkontrollierte Umgang mit dem Wasser änderte sich nicht, sondern nahm mit der allmählichen Ausweitung der Anschlüsse an das örtliche Wassernetz noch zu. Nun wurde versucht, den größten Schuldnern den Hahn zuzudrehen und mit dieser Maßnahme den anderen ein mahnendes Beispiel zu geben, welches die Zahlungsbereitschaft erhöhen sollte. Den beiden Teilzeit-Angestellten des Wasserwerks, ebenfalls aus dem Dorf stammend und Wasserverbraucher, gelang es indes nicht, diesen Beschluss umzusetzen. Mit den meisten Kunden, denen sie das Wasser sperren sollten, waren sie verschwistert, verschwägert, verwandtschaftlich irgendwie verbunden, sodass dieser Akt als unverständliche Zumutung, als unsolidarischer Mutwillen verstanden wurde und die Wasserwerker üble Nachrede und eine Beeinträchtigung ihrer Stellung im Dorf befürchteten. Sie nahmen daher lieber eine weitere, vielleicht etwas höhere Rate an, versprachen einen Aufschub, ermahnten die Kunden und steckten gar in dem einen oder anderen Falle eine kleine Anerkennung für ihr Verständnis und die nicht durchgeführte Sperrung ein.

Die Schuldnerliste des Wasserwerks wurde nicht kleiner; zwischenzeitlich brachten zwei Finanzhilfen der niederländischen NRO Erleichterung bzw. einen Aufschub der drohenden Zahlungsunfähigkeit des Wasserwerks. Die Rechnungen des Stromversorgers SENELEC für den Strom der Pumpe und der Filteranlage konnten jedoch im Folgejahr nicht mehr vollständig bezahlt werden, und nach einigen Mahnungen wurde der Strom tatsächlich abgestellt. Übrigens verfährt die SENELEC mit den Einzelverbrauchern ebenso: Eine Sperrung des Stromanschlusses erfolgt bei nicht bezahlten Rechnungen sehr rasch.

Das Wasserwerk benutzte nun ein für Notfälle angeschafftes Dieselaggregat, das in den Jahren zuvor bei den nicht gerade seltenen Stromausfällen gute Dienste geleistet hatte. Allerdings war der nötige Diesel wesentlich teurer als der Strom der SENELEC. Die Betreiber beschlossen daher, die Wasserversorgung für alle Dorfbewohner zu rationieren und so den problematischen Ausschluss einzelner zu umgehen. Morgens von 7.00 bis 10.00 Uhr und abends von 17.00 bis 22.00 Uhr war nun theoretisch 'Wasserzeit'. Praktisch aber wurde die Versorgung nach wenigen Tagen völlig unberechenbar, da die auf Dauerbetrieb umgestellte Dieselpumpe nicht so lief wie erwartet und da immer wieder Diesel fehlte. Es war nie sicher, ob es am Morgen Wasser gab; Kanister wurden gefüllt, wenn das Wasser lief, oder man versorgte sich aus dem Brunnen, falls dieser noch benutzbar geblieben war. Wer nun seine eigene Wasserversorgung hatte, war fein raus und konnte der wochenlang dauernden Wasserrationierung schadenfreudig zuschauen.

Das Wasserwerk informierte auf einer Dorfversammlung alle Haushalte über die Probleme, sprach die eventuelle Einstellung der gesamten Wasserversorgung an und stellte einen neuen Mitarbeiter aus einem entfernten Ort ein. Diesem gelang es tatsächlich, einige Anschlüsse bis zur vollständigen Begleichung der ausstehenden Rechnungen zu sperren. Zudem wurde für die Frauen des Dorfes eine Art Schulung in Sachen Wasserverbrauch angeboten, die auch dazu beitrug, den Verbrauch etwas zu senken und die Zahlungsbereitschaft zu erhöhen.

Inzwischen konnten die Zahlungen an den Stromversorger wieder aufgenommen werden, doch die unregelmäßige Wasserversorgung dauert an. Die Dorfbewohner haben sich damit arrangiert, nur die ortsansässigen Weißen beklagen sich.

Dieba

Es ist 19.00 Uhr, ich sitze im Campement von Dieba mit dem Campement-Leiter Momo herum, das Gespräch ist zäh und mein Magen sagt, dass es bald Zeit fürs Abendessen ist. Just in diesem Moment schlendern zwei Frauen heran und machen sich im Kochhäuschen neben dem Campement von Dieba zu schaffen. Das lässt Hoffnung aufkommen. Kurz darauf nähert sich eine weitere Frau, präsentiert Momo ein schlaffes Huhn für 1500 CFA. Das Geschäft kommt zustande, Frau und Huhn verschwinden in der Kochhütte, die Frau kommt bald ohne Huhn wieder heraus. Wie lange dauert es, ein Huhn zu rupfen, es für den Kochtopf zu präparieren und tischfertig zu machen? Ich bereite mich innerlich auf eine längere Wartezeit vor. Vorsichtig bringe ich das Gespräch auf jenes Getränk, mit dem die Wartezeit jetzt gut überbrückt werden könnte. Nein, meint Momo, hier im Ort gebe es das nicht. Und in Marssasoum? Dieser größere Ort ist nur vier Kilometer entfernt, und dort, das weiß ich, gibt es Bier. Ja, kann sein, dort könne man wohl Bier kaufen. Aber ich hätte Glück, die gestern abgereisten Franzosen hätten zwei Kästen Bier mitgebracht, in einem seien noch zwei Flaschen. Ist ja hervorragend! Ich bestelle eine Flasche, gehe nicht davon aus, dass sie kalt ist und unterhalte mich weiter mit Momo, zwei Dorfjungen und Ismaila, dem Wächter, über dies und das. Es wird unterdessen dunkel, Mücken belästigen uns hier nicht. Dann kommt jemand mit einer Bierflasche vorbei, die dem Toubab vor den Augen der fünf Moslems wie eine Sünde überreicht wird. Wir unterhalten uns weiter, ich frage nach Aktivitäten im Dorf, in dem etwa 600 Menschen („100% Moslems") von Mais-, Bohnen-, Hirse- und Reisanbau leben, wo es kein Lycée, kein CEM (Collège d'Enseignement Moyen, Realschule) gibt, keinen Strom und nur zwei Lädchen. Es gebe eine Partnerschaft mit einer französischen Stadt sowie deren deutscher Partnerstadt, die sich in die Beziehung eingeklinkt habe. Die Deutschen hätten auch das Campement vor vier Jahren gebaut, aber schon länger nichts mehr von sich hören lassen.

Das Rundhaus ist klein, wirkt unaufgeräumt und hat einen merkwürdigen Übergang zum dicht daneben gebauten Toilettenblock: Tritt man aus der Tür des Rundhauses und tut einen Schritt zum zwei Meter entfernten Sanitärhäuschen, stechen einem die Halme des niedrigen Strohdaches in die Augen. Achtet man dagegen auf den Überhang und bückt sich entsprechend, stößt man mit dem Fuß gegen die Stufe des Sanitärblockes, die etwas höher ist als der Zementboden des Schlafhauses. Die Toiletten sind sauber, Wasser zum Spülen und Waschen steht bereit in abgedeckten Tongefäßen. Sogar ein Streifen Toilettenpapier ist in eine Nische geklemmt, ein Gruß der Franzosen?

Als ich von der Toilette zurückkomme, hat sich die Gruppe verkleinert. Nur Djibril ist geblieben, der 16-jährige Schüler, der unbedingt nach Deutschland will. Aber wie? Den weiteren Gesprächsverlauf kenne ich, lege ihm nahe, ein gutes Abitur am Lycée im Nachbarort zu machen und sich um eine Qualifikation im Senegal zu bemühen. Mehr als meine senegalesische Telefonnummer lasse ich ihm als Hoffnung nicht da, und auch die gilt nur noch zwei Wochen bis zu meiner Abreise.

Als Momo und Ismaila wieder auftauchen, tut sich auch in der Kochhütte etwas, Besteck wird herausgebracht, ein Glas, und kurz darauf sitze ich mit Momo am Esstisch und wir speisen Spaghetti mit etwas Huhnknochen. Zehn Meter entfernt sitzen die beiden Köchinnen mit Ismaila und den zwei Jungen um den kleinen Tisch und essen ebenfalls Spaghetti mit Huhn. Was wäre, wenn heute kein Gast gekommen wäre? Das Abendessen wäre wohl spärlicher ausgefallen. Es ist mittlerweile 22 Uhr und sehr dunkel.

Einen letzten Tee trinke ich noch mit den beiden Männern, dann begebe ich mich aufs Zimmer. Ein seltsames Gefühl, allein in diesem Komplex am Rande des Dorfes zu schlafen. –

Am Morgen verläuft das Frühstück ähnlich wie das Abendessen: Ich sitze mit Momo und Ismaila am Tischchen. Die beiden warten, bis ich signalisiere, dass ich mit dem Frühstücken fertig bin. Momo hat eine Tasse mitgebracht, Ismaila nimmt meine gerade ausgetrunkene, es ist noch ein Beutel Nescafé da, der wird geteilt. Das Restbrot wird mit der Restmargarine geschmiert, ebenfalls geteilt, und die beiden schmatzen und schlürfen genüsslich, nehmen ein Frühstück ein, das sie so wohl nur bei Campementbesuch bekommen. Die Rechnung über nur 3500 CFA wird auf einem eigenen Quittungsblock ausgestellt und verbleibt als Souvenir in meinem Tagebuch.

An der Straße warten wir etwas später zusammen auf den Bus. Im letzten Moment taucht Djibril auf, winkt und sieht etwas traurig zu, wie seine Chance, der Perspektivlosigkeit des Dorflebens zu entfliehen, im Staub davonfährt.

École patate

Eigentlich heißt die Schule im Quartier Lyndiane schlicht "Lyndiane 3", doch ist sie bei den Einheimischen bekannt unter dem Namen "Kartoffelschule", école patate. Sie wurde auf den ehemaligen Kartoffelfeldern dieses Vorortes von Ziguinchor gebaut, der an den Busch grenzt. Dem Taxifahrer war die Bezeichnung vertraut, der Weg dorthin allerdings zu holperig, so dass er es vorzog, mich an einer anderen Schule in der Nähe abzusetzen mit dem Hinweis, die "école patate" sei gleich dahinter. Dahinter waren nur einfachste Hütten, keine Schule. Ich rief Max an, den Lehrer, mit dem ich verabredet war und der mich kurzerhand mit seinem Mofa abholte. Die sehr holprige Fahrt von knapp 10 Minuten verlief über tief gefurchte Sandwege und durch enge Hinterhöfe.

Neben dem CEM liegen zwei Steinbauten mit Wellblechdächern und zwei Bastmattenräume, in denen die 600 Schüler der "Kartoffelschule" in 8 Klassen unterrichtet werden. Die Schule hat keinen Stromanschluss. Man schaut über die Sandfläche des Sportgeländes auf den Busch, ein dichter grüner Streifen einige hundert Meter entfernt.

2010 drangen die Rebellen bis zu diesem Busch vor. Sie lieferten sich mit den nahe der Schule stationierten Soldaten Schusswechsel, die am Schulgebäude bis heute sichtbare Spuren hinterließen. Wenn es knallte, sagt Max, rannten die Schüler aus der Schule nach Hause, kamen einige Tage nicht zum Unterricht, bis es hieß, dass die Rebellen sich verzogen hätten. Die meisten der Schüler kamen hierher auf der Flucht vor den Rebellen, die seit 2007 wieder aktiv wurden und zwei Jahre später die nahen Dörfer im Süden Ziguinchors beschossen und plünderten. Teils haben sich die Familien am Stadtrand von Ziguinchor niedergelassen, mehr oder weniger provisorisch, teils wurden die Kinder von den Eltern bei Verwandten oder Freunden in Ziguinchor untergebracht. Die Eltern selbst blieben bis zum letztmöglichen Moment in den Heimatdörfern. Hier hatten sie ihre Felder und Hütten, ihren einzigen Besitz, den sie nicht aufgeben wollten. Manchen wurde dies zum Verhängnis: Viele der Kinder sind Waisen oder haben jahrelang nichts von ihren Eltern gehört.

Max Sagna unterrichtet seit 2009 an der "école patate"; zuvor war er 10 Jahre Lehrer in einer Dorfschule nur 6 Kilometer von Ziguinchor entfernt, bis das Dorf wiederholt unter Beschuss geriet. Dort waren die Klassen kleiner, das Unterrichten einfacher. Zur

Zeit gibt das statistische Blatt, das in jedem Klassenraum der „école patate" aushängt, für Max' Klasse 56 Schüler an, 25 Jungen, 31 Mädchen; 13 Schüler fehlen heute. Da fast alle der alten Zweier-Bänke belegt sind, müssen sich sonst wohl mehrere Schüler eine Bank teilen.

Max unterrichtet alle Fächer; auf der Tafel, die fast die ganze Frontwand einnimmt, stehen Rechenbeispiele, ein kurzer französischer Text über ein Fest, und im freien Teil schreibt Max einige Beispiele an für die Apostrophierung von je, me, te, se bei nachfolgendem Anlautvokal. Die Schüler und Schülerinnen folgen dem Unterricht aufmerksam, wozu, verrät mir Max später, die Anwesenheit eines Toubabs beiträgt.

Auf Schiefertafeln wird mit Kreide konzentriert geschrieben, die Tafeln mit den Ergebnissen werden hochgehalten. Auch Hefte werden benutzt, doch ist deren Verwendung nicht selbstverständlich. Die Tutoren – die Verwandten/ Familienfreunde der Kinder – sind oft nicht in der Lage oder willens, mehr als das Notwendigste für die ihnen anvertrauten Kinder auszugeben. Das Notwendigste ist das Essen; Geld für Hefte, Stifte etc. kommt viel später. Zwar gibt es eine Schulkantine, in der Mütter die von PAM (Programme Alimentaire Mondial, UN-Welternährungs-Programm) zur Verfügung gestellten Nahrungsmittel, zumeist Reis, Öl, Linsen, zubereiten und gegen 11.00 Uhr austeilen. Dies kostet lediglich 200 CFA pro Kind monatlich, also 30 Cent, doch selbst diese geringe Summe können viele Kinder nicht mitbringen. Einige clevere Jungen, erzählt Max, suchen auf den Abfallfeldern nach Altmetall, das sie verkaufen können. Von dem Geld wird ein Stück Brot mit Linsenaufstrich gekauft und in einem Winkel unauffällig verzehrt.

Schulmaterial wird z. T. auch von UNICEF, vom Roten Kreuz oder anderen Organisationen bereitgestellt; doch dies erfolgt unregelmäßig und in nicht ausreichenden Mengen. Es ist nicht unüblich, dass der Lehrer einzelnen Schülern Stifte oder Hefte schenkt. Der Mangel behindert den Lernprozess der Kinder auch zu Hause, wo zuerst das älteste Kind bzw. der älteste Junge das Recht auf den einzigen Stift hat.

Wenn ein Schulabschluss ansteht, haben viele Kinder das Problem, dass sie ihr Alter und ihre Identität nicht nachweisen können. Ohne einen entsprechenden Nachweis, einen Auszug aus dem Geburtsregister, ist eine Teilnahme am Abschlusstest nicht möglich. Die Beschaffung des entsprechenden Dokumentes ist aufwändig und teuer. Nur selten setzen sich Lehrer in den Ferien der Regenzeit für diese Schüler ein und nehmen Nachforschungen in den Heimatdörfern vor.

Die Klassentür steht immer offen, auch der Luftzirkulation wegen. Wer zur Toilette oder zum Ausspucken nach draußen will, tut dies, ohne um Erlaubnis zu fragen. Neben der Tür steht ein Wassereimer mit einem Trinkgefäß, das zwischendurch von den Kindern benutzt wird.

Bei einem Gang über das Gelände komme ich an den Basthütten vorbei; aus einer dringt ein Gejammer. Im Vorbeigehen sehe ich durch die offene Tür einen Jungen auf dem Boden liegen, die Arme gegen den Stock des Lehrers über ihm abwehrend erhoben. Ich bin zu feige, einzugreifen oder zu fotografieren. In der Klasse von Max hängt neben dem Statistikblatt ein Auszug aus dem senegalesischen Schulrecht: *"Tout châtiment corporel est strictement interdit"* – *"Jede körperliche Züchtigung ist ausdrücklich verboten"*. Und doch, sagt Max, sei die Prügelstrafe bei den Kollegen immer noch verbreitet.

Neben der Prügelstrafe gibt es zahlreiche weitere Gründe für den mangelnden Lernerfolg und für ein frühes Verlassen der Schule. Der Zustand der Toiletten auf dem Schulgelände der "école patate" bestätigt, was ich vor kurzem in einer Zeitung gelesen hatte. Die verdreckten Orte haben keine Türen; Mädchen, so war zu lesen, meiden die Schultoiletten oder auch die Schule, da es in den schmutzigen, teils einsehbaren Zellen zu Übergriffen durch männliche Schüler gekommen ist.

Eine schon verblasste comicartige Zeichnung weist auf die Gefahr der Landminen hin, die immer noch für einige Bereiche der Casamance gilt. Handicap International (HI) finanziert sowohl die Bemalung der Schulwände als auch großformatige bunte Plakate, die den Umgang mit verdächtigen Objekten auf Wegen und Feldern erläutern. Auch die Minenräumung wird von HI organisiert, wenn das Geld reicht.

Ein Metallschild vor der Schule weist, wie überall im ländlichen Senegal, auf die UNICEF-Bemühungen um Schulbesuch und Schulerfolg hin. Vor einer Reihe von Jahren hieß es auf den ersten Schildern dieser Art, die nach jeder Regenzeit weniger lesbar werden, "Je veux aller à l'école", etwas später "Je veux aller et rester à l'école", kurz darauf und bis heute: "Je veux aller et reussir à l'école" – eine Abfolge, die die Probleme des Schulbesuchs in diesem Land verdeutlicht.

Max korrigiert in der Pause auf einer Holzbank die kleine schriftliche Aufgabe, die er den Schülern gestellt hat. Heute am Freitag endet der Unterricht früher; noch eine gute halbe Stunde sitzen wir in der Klasse, dann ist für alle Wochenende, welches sich nicht groß von den anderen Tagen unterscheidet. Max leiht übers Wochenende sein Mofa einem Kollegen; wir kommen auf dem Weg zu seinem Haus an der Bar "Les Copains" vorbei, da wartet schon der Kollege, und gemeinsam trinken wir ein Bier aufs Wochenende.

Zum Casamance-Konflikt: http://www.kas.de/wf/doc/kas_17946-544-1-30.pdf (2009)

Ein Familienbetrieb

Das kleine Hotel liegt an der Teerstraße in einem eher unattraktiven Stadtteil der Regionalhauptstadt Ziguinchor. Der senegalesische Partner der Schweizer Hotelbesitzerin stammt aus diesem Viertel, und so war hier ein großes Grundstück zu einem günstigen Preis zu bekommen. Mit dem Geld der Schweizerin wurde gebaut, und nach zwei Jahren, in denen Restaurant- und Barbetrieb einigermaßen liefen, wurde aufgestockt und das Haus um sechs Gästezimmer erweitert. Die Zimmerausstattung ist gut, solide und mit Geschmack ausgeführt, im Sanitärbereich sind nicht die billigsten Artikel verbaut, Ventilator und Moskitonetz sind selbstverständlich vorhanden und funktionstüchtig. Und die Zimmer- und Restaurantpreise sind für die Lage in Ordnung.

Dass es trotzdem nicht so gut läuft, hat seinen Grund in typisch senegalesischen Umständen. Was mit dem Geld des weißen Partners/der weißen Partnerin geschaffen wurde, ist der eine Teil jedes dieser schwarz-weißen Privatprojekte. Was dann mit und von den einheimischen Mitarbeitern daraus gemacht wird, ist eine andere Sache.

So gilt für dieses Hotel wie für viele kleine und mittlere Tourismusbetriebe im Lande, dass vornehmlich Angehörige aus dem Großfamilienbereich beschäftigt werden. Das hat die Vorteile, dass die Familie unterstützt wird und zugleich die Personalkosten gering bleiben: Den Verwandten zahlt man nicht so viel wie fremden Angestellten. Putzfrauen und Küchenhilfen bekommen hier 20.000 CFA im Monat, also 30 Euro. Diese Summe zahlt der Gast bei einer Übernachtung inkl. Frühstück und Abendessen.

Das Konzept hat für ein gewinnorientiertes Unternehmen allerdings deutliche Nachteile, besonders, wenn kein engagierter Manager bzw. der Besitzer selbst den laufenden Betrieb ständig überwacht. Das unprofessionelle Verhalten der Beschäftigten ist der Hauptnachteil: Es wird so gearbeitet, wie man es ansonsten auch macht. Geschwindigkeit, Verlässlichkeit, Gründlichkeit funktionieren nach senegalesischen Maßstäben, und das fällt dem weißen Gast, von dem das Hotel überwiegend leben will, auf.

Die Reinigung des großen Restaurantraumes erfolgt zur Frühstückszeit; dann wischen zwei weibliche Verwandte, auf dem Rücken die Kleinkinder, gemächlich und mit etwas Stuhlgepolter um die frühstückenden Gäste herum.

Bis das Frühstück vollständig serviert ist, braucht der junge Mann (ein Cousin?) jeden Morgen mindestens drei Anläufe, immer fehlt etwas: das Messer, der Löffel für die Marmelade, diese selbst, die Milch, eine Serviette … Dafür ist die Butter heute zweimal vorhanden: einmal unstreichbar tiefgefroren, einmal weich-zerlaufend auf einem Tellerchen.

Die Zimmerreinigung erfolgt in den Tagen meines Aufenthaltes zu unterschiedlichen Uhrzeiten und unterschiedlich intensiv. Einmal ist alles gesäubert, das Bett gemacht, aber es fehlt das Betttuch. "Ist noch nicht aus der Reinigung zurück", ist auf meinen Hinweis hierzu der Kommentar des Cousins. Er schaut jedes Mal überrascht und leicht genervt, wenn er angesprochen wird, als sei er einer Zumutung ausgesetzt und unterbrochen in einer wichtigen Tätigkeit. Keines der anderen Zimmer ist zur Zeit belegt: "Ich nehme gerne eines der frischen Betttücher aus einem anderen Zimmer", sage ich freundlich. Der Cousin schaut mich eine Weile irritiert an, ist dann bereit, den Vorschlag aufzugreifen, und wir regeln die Angelegenheit zusammen.

Das Essen ist ausgerichtet am Geschmack der Senegalesen, was okay ist, aber hinsichtlich der Frische und Zügigkeit der Zubereitung auch Nachteile hat. Dafür bekommt man hier Biber- und Buschrehfleisch. Abzuraten ist von dem auf der Karte als

"Schweinefleisch" angegebenen Gericht, welches überwiegend aus Schweineschwarten besteht und nach westlichem Geschmack ungenießbar ist.

Die Vorräte in der Küche sind gering, was in solchen Familienbetrieben seinen guten Grund hat: Ist viel da, wird viel verbraucht bzw. verschwindet viel (wenn keine Kontrolle erfolgt). Wenn wenig da ist, muss immer wieder zugekauft werden, z.B. in der benachbarten Boutique, wo alles etwas teurer ist. Ousmane, den Bruder des Besitzers und verantwortlich für das Hotel, sehe ich mehrmals täglich über die Straße zum Kramladen gehen (vielleicht gehört der auch einem Verwandten?) und Kleinigkeiten einkaufen. Bar und Rezeption sind dann unbesetzt, auch mal für etwas längere Zeit.

Der große ummauerte Hof mit einigen schattigen Stellen unter Bäumen ist einladend; hier lässt es sich am Abend gut sitzen, essen (kein Schweinegericht!) und Flag trinken. Zur Straße hin ist die Mauer durchbrochen, so dass ein wenig vom Verkehr und von den vorbeigehenden Menschen zu sehen ist. Morgens kann ich auf der zur Straße hin überdachten Terrasse angenehm sitzen und Kaffee trinken. Der alte verschlafene Nachtwächter (ein Onkel?) grüßt noch freundlich, bevor er seinen Schlaf- und Arbeitsplatz verlässt. Draußen gehen Jugendliche zur Schule, Frauen zum Markt, Männer auf Fahrrädern oder Mofas kommen vorbei und zuerst wenige, später mehr Autos. Doch der Verkehr an dieser geteerten Ausfallstraße hält sich auch tagsüber in Grenzen. Im Prinzip also ein Ort, wo man sich bei einem kurzen Aufenthalt wohlfühlen kann, was ich beim Auschecken auch lobend anführe. Als ich dann den verbesserungswürdigen Service erwähne, sagt der freundliche Ousmane entschuldigend: "On n'est pas des professionnels, mais on se débrouille …" On se débrouille, das heißt, man gibt sich Mühe und wurschtelt sich mit gutem Willen durch. Es heißt auch, man verzichtet darauf, die Sache konsequent und möglichst effektiv anzugehen.

Lange kann das nicht gut gehen. Da auch die Zimmerpreise nach Gutdünken der Angestellten verändert werden, da abendliche Gäste aus dem Viertel auch schon mal auf der Toilette den Papierhalter, im Flur die Lampe abschrauben und andere brauchbare Dinge mitnehmen, da die Notierung der Flag- und Gazelle-Biere nicht so genau nachgehalten wird, kann der vermutlich geringe Gewinn des Betriebes kaum ausreichen, die Kosten zu decken. Wie lange wird die Schweizer Geldgeberin dies – auch finanziell – hinnehmen wollen und können?

Im Gips-Kabinett

Unbedingt wollte der Orthopädiemeister im staatlichen Behindertenzentrum in Dakar den deutschen Besuchern zum Abschluss noch seine Werkstatt zeigen. Die seltene Gelegenheit, seine Deutschkenntnisse auch den Kollegen vorzuführen, mochte er nicht verpassen, und so führte der eifrig parlierende Mamadou S. die 12 auf einer Exkursion befindlichen Bochumer Studierenden der Sozialen Arbeit und ihre zwei Begleiter in seinen Arbeitsbereich. In der unaufgeräumten Werkstatt stapelten sich Gipsmodelle von allen Gliedmaßen, manche zerbrochen und vom Tisch gefallen, andere aufgereiht auf Tischen und in Regalen, alle mehr oder minder beschädigt, verstaubt und in schmutzigem Weiß ihrer Bestimmung harrend oder dieser nachtrauernd.

Munter klagte der Orthopädiemeister über die eingeschränkten Arbeitsmöglichkeiten, die wenigen modernen Materialien, die nur zu selten aus dem Westen kämen. Sein grobes, einfaches Deutsch passte seltsam zum rustikalen Werkraum, dessen Einrichtung eher einer vorelektrischen Frankenstein-Werkstatt als einer halbwegs zeitgemäßen Orthopädie-Praxis glich. Dieser Eindruck wurde durch das unentwegte Jammern eines Kindes unterstrichen, das aus dem offenen Nebenraum überdeutlich zu hören war und die Erklärungen des orthopädischen Fachmanns bizarr untermalte. Die Aufmerksamkeit der Gruppe verschob sich bald vom Vortragenden zur irritierenden Geräuschquelle. Ich ging einige Schritte zur Seite und dann vorsichtig um die Ecke. In einem kleinen, noch einmal abgetrennten Raum lag ein Kind auf einer Liege, ein weiß gekleideter Gehilfe drehte kräftig an dessen Bein und versuchte vergeblich, dieses mitsamt dem verkrüppelten Fuß in eine Gipsform zu pressen. Ich zog mich schnell zurück: Zu sehr ähnelte dieser Anblick einer perversen Folterszene. Das Kind hörte nicht auf zu jammern, so ohne Wehr gegen die Situation in der Stimme und ihr so klagend hingegeben, wie ich es nur von afrikanischen Kindern kenne.

Der Werkstattmeister reagierte weder auf die qualvolle Stimme noch auf die zunehmende Unruhe unter seinen Zuhörern und erklärte weiter die materielle Notlage der Gips-Abteilung. Als mit Hinweis auf unsere knappe Zeit sein Vortrag zu Ende ging und wir ins Freie traten, war in der Sonne ein Aufatmen bei allen in der Gruppe festzustellen. Wie einem Gruselkabinett entronnen – und einem Besuch, der in solcher Weise weder geplant noch gewünscht war und eine unklare Beschämung hinterließ.

Auf der Suche nach Manuel P.

Mein Freund Cheikh und ich wollen in Mboro den deutschen Brunnenbauer Manuel besuchen, den wir vor zwei Jahren hier schon einmal getroffen hatten. Das haben wir spontan beschlossen; telefonisch konnten wir uns nicht ankündigen, da Manuel unter seiner alten Nummer nicht zu erreichen war. Damals hatte Manuel uns am „Busbahnhof" in Mboro abgeholt, dieses Mal müssen wir uns durchfragen. Sein Haus, zu dem Manuel uns vor zwei Jahren hier abgeholt hatte, würden wir alleine nicht wiederfinden. Cheikh übernimmt das Fragen nach einem Toubab aus Allemagne mit Namen Manuel. Viel unbestimmtes Nicken rundum, die Frage wird weitergereicht, und schließlich meldet sich ein Boy von vielleicht 15 Jahren, der zu wissen vorgibt, wo dieser Manuel wohnt, gar nicht weit. Ein Taxi bringt uns drei zu einem Geschäft, deren Besitzerin uns an das Nebenhaus verweist: Dort müsse man Manuel kennen. Im Hof des Nebenhauses warten wir, bis nach einigen "Assalaamou-aleikum"- und "Nangadef"-Rufen jemand erscheint. Manuel? Nein, der wohne nicht hier. Der sei ins neue Haus in der Nähe des Meeres gezogen, da, wo die Lastwagen die Säure aus der Phosphatfabrik verklappen. Der Boy meldet sich, er wisse, wo das sei, nicht weit. Aha, also weiterfahren. Ich sehe die erfreuten Augen des Taxifahrers, der sich um seine Tageseinnahmen keine Sorgen mehr macht, und stelle mir den Fortgang der Suchaktion als ergebnislose Verfolgung eines flüchtigen Manuel vor, welcher, sein Verschwinden gut vorbereitet, uns immer einen Schritt voraus bleiben wird, bis unser Taxigeld schließlich erschöpft oder der Tag zu Ende ist.

Zur Verklappungsstelle am Meer führt eine Lateritpiste; unterwegs versuche ich, eines der wenigen Häuser am Weg als das von Manuel zu identifizieren. Doch außer der Tatsache, dass es ein kleines, neues Haus sein muss, habe ich keine Kriterien. In unmittelbarer Nähe der am Wasser endenden Straße gibt es kein kleines, neues Haus; weiter weg am Meer ist eine kleine Ansiedlung auszumachen. Cheikh macht sich dort an einen im Garten tätigen Mann heran, mit dem er nach einigen Minuten zurückkommt. Der wisse was, wolle seine wichtige Arbeit aber nur unterbrechen, wenn wir ihm Tee spendieren. Okay, soll er bekommen. Seltsam ist nur, dass er von einem Marcel spricht, einem Franzosen, dessen Haus er uns zeigen will. Auf meine Rückfrage kommt die irgendwie erwartete Antwort: Ja ja, der Manuel, den würden sie hier Marcel nennen...

Nun sind wir zu viert im Taxi, fahren nach knapp 100 Metern an einem Einheimischen vorbei, als unser Neuzugang meint, dieser da, der wisse noch besser als er selbst, wo Marcels Haus sei. Wir lassen auch diesen Mann zusteigen. Jetzt ist der Wagen voll; alle wissen etwas, alle helfen uns. Bald brauchen wir ein zweites Taxi, um auch die weiteren Helfer transportieren zu können.

Als wir nach einem Kilometer Rückfahrt halten, stehen wir vor einem Zaun an der Straße, der Eingang zum Grundstück ist verschlossen, niemand ist zu Hause. Hier wohne Marcel, meint der auf den Tee wartende Gärtner zufrieden, und der zuletzt Zugestiegene, der kein Französisch spricht, murmelt etwas Zustimmendes. Besser hätte man es nicht anstellen können, wenn man den Toubab verarschen wollte, denke ich, weiß aber zugleich, dass diese Art zu denken und zu handeln hier nicht üblich ist. Von der anderen Straßenseite kommt jemand hinzu, ein weiterer Informant. Ein Gespräch entwickelt sich und wir erfahren, dass dies der Gärtner von Marcel sei und Marcel ein Freund von Pierre. Marcel sei aber nicht da, er könne uns jedoch zu Pierre führen, wenn wir wollen. Das sei nicht weit. Ob Manuel-Marcel denn heute zurückkomme? Nein, nein, der sei schon zwei Wochen weg, der sei nach Deutschland, oder Frankreich. Wir schauen über den Zaun: Das Häuschen ist neu, eine blaue Wassertonne steht auf dem Dach. Pflanzen sind angebaut, es scheinen Jatropha-Setzlinge zu sein, wie sie auch am vorherigen Haus von Manuel standen, welches ebenfalls eine blaue Tonne als Wasserreservoir hatte. Wir sind noch nicht ganz sicher, vor dem richtigen Haus zu stehen, haben aber ob der vielen Indizien keinen rechten Antrieb, weiter zu fragen und zu suchen. Ob wir vielleicht zu Pierre ...?, schlägt der Taximann vor. Pierre, der dann womöglich Paul heißt und ein algerischer Ex-Politiker ist, einen Freund hat, nicht weit von hier, den wir unbedingt kennen lernen müssen ... Nein danke! Es ist 13.00 Uhr, die Sonne scheint schön senkrecht herunter. Ich plädiere für einen geordneten Rückzug in den Ort mit anschließendem Mittagessen im Restaurant. Ein Foto der Helfer vorm Zaun muss als Beweis reichen, der Gärtner bekommt etwas Geld für den Tee, und mit dem Taximann, der noch mal fragt "zu Pierre?", geht's in den Ort zurück. Der Boy will tatsächlich ohne Belohnung abhauen, das lassen wir nicht zu und drängen ihm 500 CFA auf. Der Taxifahrer bekommt das letzte Ziel genannt: ein Restaurant irgendwo im Ort. Er setzt uns am einzigen Hotel im Zentrum ab, wo die Küche leider leider heute geschlossen ist. Bananen und Erdnüsse müssen als Ersatz für Yassa oder Mafé herhalten. Cheikh und ich vereinbaren, dass uns Manuel-Marcel beim nächsten Treffen auf jeden Fall zum Essen einladen muss...

Auf der Suche nach Fatou X.

Nun waren wir fast eine Stunde kreuz und quer im Viertel Lyndiane in Ziguinchor unterwegs und dem Ziel unseres Unternehmens keinen Schritt näher gekommen. Trotzdem waren wir guter Laune, mein senegalesischer Freund Cheikh und ich. Wie immer auf den letzten Reisen hatte ich einige Abzüge von Fotos mitgenommen, die ich im letzten Jahr bei Begegnungen mit Menschen im Senegal und auch hier in Lyndiane geschossen hatte. Diese den abgebildeten Personen zu übergeben, war eine Art Gewohnheit geworden, eine angenehme Aktivität, die meist mit freudigen Überraschungen, manchmal Einladungen und mit weiteren Fotos verbunden war. Begleitet von Cheikh war ich nun auf der Suche nach den beiden jungen Frauen, die ich bei einem ziellosen Spaziergang durch das Viertel im letzten Jahr vor ihren blauen Wascheimern angetroffen, angesprochen und fotografiert hatte, ein Bild mit kräftigen Farben und zwei lächelnden jungen Frauen. Leider hatte ich nur eine sehr ungefähre Vorstellung von der Umgebung, in der ich das Foto gemacht hatte, und nun zeigte sich, dass diese vage Erinnerung nicht reichte. Cheikh hatte es übernommen, das A4-Foto herumzuzeigen und nach den abgebildeten Frauen zu fragen. Er ist immer ein Meister in der lockeren Kommunikation gewesen und schafft es, den mürrischsten Gesichtern nach einer Minute ein Lachen zu entlocken. Daher war ich froh, mit ihm unterwegs zu sein; alleine hätte ich das Vorhaben schon aufgegeben. Doch mit Cheikh erfuhr das Unternehmen nach kurzer Zeit eine Wendung: statt des Zieles war auf einmal diese schwierige, aber auch spannende Annäherung im Mittelpunkt unserer Aufmerksamkeit und ließ das Ziel fast vergessen.

Wir hatten mehrere Personen angesprochen, alle hatten irgendetwas zu sagen. Es wäre auch für senegalesische Verhältnisse unhöflich gewesen, das Foto mit einem Kopfschütteln dem engagierten Weißen und seinem Begleiter zurückzugeben. Wenigsten konnte man ja auch bei völligem Unwissen die beiden Suchenden zu jemandem begleiten, der sich besser im Viertel auskannte. So wurden wir weitergereicht, mal zu einem Tee eingeladen, mal gebeten, kurz zu warten, weil unser Ansprechpartner noch eben die Einkäufe nach Hause bringen musste etc. Wir machten alles geduldig mit – Zeit spielte keine Rolle – und lernten so einige Leute und einige Straßen in diesem labyrinthischen Viertel kennen. Die Straßen und Gassen waren durch tiefe Auswaschungen, ja metertiefe Senken geprägt, die in der Regenzeit sicher vollliefen und einige Strecken unpassierbar machen mussten. An die hygienischen Verhältnisse in dieser Zeit mochte ich gar nicht denken. –

Inzwischen war es mir eigentlich egal, ob wir das Foto an der richtigen Stelle abgeben konnten oder nicht. Von mir aus konnte es gerne noch einige Zeit so weitergehen; ich schlug Cheikh vor, unsere nächste Kontaktperson nach einem Kaffee oder Tee zu fragen und nicht auf ein solches Angebot zu warten. Dann könnten wir gemütlich den Tee schlürfen, Konversation machen, ich würde fotografieren und, – welch' gute Idee! –, nach dem Namen und der Adresse fragen. Auch Cheikh hatte Gefallen an der Aktion gefunden und war in seinem Element; ich bewunderte seine Offenheit und seinen Humor und begann auf die Zeit zu achten, bis das erste Lachen auf dem Gesicht seines Gegenübers erschien. Jetzt hatte er eine fein gekleidete Frau angesprochen, die recht distanziert erschien, dann aber bald zur Seite gewendet lachte und einen vernünftigen Vorschlag machte: Sie kenne die Abgebildeten nicht, doch wir sollten zum nahen Markt gehen, da würden alle Leute aus dem Viertel einkaufen und da würde sicher jemand die beiden Frauen wiedererkennen. Ja, das leuchtete ein, und als die nun merklich lockerere Dame anbot, uns zum Markt zu begleiten, wurde ein erfolgreiches Ende unserer Aktion wieder wahrscheinlich.

Die bald erreichte kleine Markthalle war tatsächlich so etwas wie ein Zentrum des Viertels. Es war zwar nicht mehr viel los, doch die dritte oder vierte angesprochene Händlerin erkannte eine der jungen Frauen, wusste sogar ihren Namen. Unsere Begleiterin, die dabei war, Cheikh in seiner Rolle zu verdrängen, fragte nach dem Haus und übernahm resolut die Führung unserer Dreiergruppe. Allerdings zeigte sich, dass die Auskunft nicht ganz klar gewesen war; wieder war es nötig, einige Male zu fragen, bis wir schließlich vor einem Haus standen, das dem auf dem Foto glich, nein, mit diesem identisch war.

Als wir hier das mittlerweile arg abgegriffene und zerknickte Foto zeigten, war die Freude groß. Und da kam ja eines der Mädchen heraus, oder doch nicht? Sie trug Jeans und eine andere Frisur bzw. Perücke, was zuerst irritierte, aber outete sich überzeugend als eine der beiden Schwestern und bot uns einen Tee an …

Stühle wurden geholt, wir saßen zu dritt vor dem Haus im Schatten eines noch kleinen Mangobaumes, es kamen weitere Familienmitglieder hinzu, auch Nachbarn schauten vorbei. Unsere Begleiterin genoss ihre Rolle sichtlich, war sie es doch, die den Toubab und seinen Begleiter erfolgreich hergeführt hatte. Und wir erfuhren, dass die abwesende der fotografierten Schwestern auf einem anderen Markt als gering bezahlte Angestellte den ganzen Tag in einem Geschirr- und Besteckladen auf Kunden wartete, dass Didi, die anwesende Schwester, zwei Kinder hatte und wegen der Schwangerschaften den Schulbesuch aufgeben musste, dass der freundliche, milde wirkende Vater ein pensionierter Koranlehrer war und von seiner kleinen Pension die zehnköpfige Familie ernährte, dass eine andere Tochter hochschwanger sei, dass es gleich etwas zu essen gebe und wir dazu eingeladen seien... Natürlich sagten wir zu; unsere Begleiterin musste allerdings gehen, nicht ohne uns ihre Telefonnummer zu geben; vielleicht brauchten wir ja ihre Hilfe noch einmal. Die Wartezeit auf's Essen nutzte ich für weitere Fotos. Die würde ich im nächsten Jahr problemlos hier vorbeibringen können, denn das Haus lag gar nicht weit von der Asphaltstraße entfernt.

Heilige Bäume

Es gibt viele heilige Bäume im Senegal, fast jedes Dorf besitzt einen. Meist gehört eine Geschichte dazu, über die Dorfgründung, über eine besondere geschichtliche Begebenheit oder über die vergrabene Nachgeburt des Dorfchefs oder anderes. Manche heilige Bäume sind wundertätig, können z.B. Diebe überführen (wurde mir erzählt) oder Krankheiten heilen. Heilige Haine sind den in einigen Landesteilen praktizierten Initiationsriten vorbehalten; sie sind tabu und werden gegenüber Touristen kaum erwähnt.

Neben heiligen Bäumen gibt es die Superlativ-Bäume: die schönsten, dicksten, höchsten, ältesten Baobabs, Kaïlcédrats, Fromagers; fast jedes Dorf besitzt einen... Oft kann man direkt am Baum an einem kleinen Stand ein Andenken kaufen oder Früchte.

Der heilige Baobab in Abene wächst aus fünf oder sogar sieben Baobabs zusammen und symbolisiert die Gründerfamilien des Dorfes, deren Nachfahren heute noch im Ort die wesentlichen Entscheidungen treffen.

Donnerstags kommen die Frauen und beten am Baum, man kann ihnen ein persönliches Anliegen mitteilen, dann beten sie auch dafür, mit etwas Geldzuwendung noch intensiver. Wer zum heiligen Baum möchte, findet entweder allein dorthin – der Baum ist deutlich höher als anderen im Dorf. Oder er fragt und findet sich in ungewollter Begleitung auf dem Weg dorthin.

Der unbegleitete Besucher wird in der Nähe des Baumes unweigerlich angesprochen, zumeist von Kindern, auch von den Frauen aus den umliegenden Hütten; hartnäckig wird ein Obolus gefordert für die touristischen Blicke auf den heiligen Baum. Und da man für diese nicht direkt kassieren kann, wird die Geldzuwendung für die kleinen Kommentare zum Baum erwartet oder für eine angebliche Pflege der Baumumgebung. "Wir fegen hier den Platz um den Baum", sagt ein Mädchen der Dreiergruppe selbstbewusst. Alles liegt voller Blätter, hier hat niemand heute oder gestern gefegt. "Keine gute Arbeit", sage ich, "erst fegen, dann Geld." Die Kinder schauen mich, dann sich etwas ratlos an, lachen. Ein Mädchen sagt schüchtern: "100 CFA?" Wofür? Für das Lachen? Würde ich das laut sagen, würden alle sofort nicken und noch mal laut lachen. Dann müsste ich wohl zahlen. Also bestehe ich darauf, dass zuerst gefegt wird... -

Ein anderes Mal stoße ich am Heiligen Baum auf einen jungen Mann, vielleicht 18, 20 Jahre alt. Er erklärt mir blitzschnell, welche Bewandtnis es mit dem Baum hat, springt, als wir nah am Ziel sind, behände die Brettwurzeln hoch, hat sich eine Art Leiter ausgedacht und steht, die Arme ausgebreitet, recht hoch am Stamm. "Foto?" "Nö", meine ich. "Pourquoi?" Was soll ich sagen?

"Gelbes T-Shirt am heiligen Baum, das passt nicht." "Pourquoi?"
"Das ist so." "Ach ja?" Enttäuscht steigt er herunter, fragt "Foto?"
und zeigt auf den Baum. "Hab ich schon vor 20 Jahren
fotografiert", spiele ich das Altersargument aus. Er staunt:
"Wirklich? Da war ich noch nicht geboren." "Ja, junger Mann",
sage ich und gehe mit langsamen, meinem hohen Alter
angepassten Schritten weiter. Da eine Gruppe deutlich jüngerer
weißer Touristen erscheint, lässt sein Interesse an mir schlagartig
nach und er wendet sich der Gruppe zu. So habe ich noch etwas
Zeit, um den Baum ungestört anschauen zu können.

Bantan Woro (Heiliger Baum) in Abene

Holz ist rar geworden im Senegal

Darauf hatte ALI HAIDAR[1] schon 2012 im "Oceanium"[2] in einem Vortrag vor deutschen Studierenden hingewiesen und vor allem die illegalen Holzschläge entlang der gambischen Grenze angeprangert. Dort seien von Chinesen angeheuerte gambische und senegalesische Holzfäller am Werke, die nah der Grenze geschlagene Baumstämme schnell auf gambisches Gebiet ziehen würden, wo sie kurzzeitig gelagert, dann abtransportiert würden. Die Bezahlung bestehe häufig in einem Motorrad chinesischen Fabrikates.

Drohnenaufnahmen während seiner Zeit als senegalesischer Umweltminister bestätigten wenig später im Internet offenbar die Existenz von Lagern der illegalen Holzfäller. Ali Haidar demissionierte aufgrund mangelnder finanzieller Ausstattung seiner Behörde und deren Ineffektivität, prangert aber weiterhin gerade diesen illegalen Holzschlag an. Als er dem Chef der senegalesischen Eaux-et-Fôret-Behörde, der zuständigen staatlichen Waldschutzorganisation, vorwarf, in den illegalen Handel verwickelt zu sein, reagierte der mit einer Klage wegen Rufschädigung. Die von Haidar vorgelegten Beweise reichten wohl nicht, um den Prozess zu gewinnen, in dem der international bekannte Umweltschützer und ehemalige Umweltminister zu einer mehrmonatigen Haftstrafe verurteilt wurde.

Brände, oft von Jägern bzw. Jagdorganisationen absichtlich gelegt, sind eine weitere Ursache der Holzknappheit im Senegal wie auch die Abholzung langjähriger und oft selten gewordener Bäume für den Trommelbau.

MOHAMET, ein guineischer Trommler und Trommelbauer in Abene, ist gerade von einer Reise zurück und beklagt sich, wie schwierig es geworden sei, geeignetes Holz für die Herstellung einer Djembe zu finden. Er war mit für ihn enttäuschend wenigen "Rohlingen" zurückgekommen, die er in der Touristensaison mit Ornamenten versieht, mit Ölen endbehandelt, bespannt und verkauft.

"FLORIKUNDA" heißt die kleine Baumschule in Djibelor, kurz hinter der Stadtgrenze von Ziguinchor. Hier wohnt und arbeitet Kéba Aidara seit vielen Jahren auf einem Terrain mit großer Pflanzenvielfalt. Der ältere Herr, der auch bei Bargny einen Pflanzenhandel betreibt, bemerkt schnell das Interesse und die Sachkenntnis meines Begleiters Walter, eines ehemaligen Biologielehrers, und nimmt sich viel Zeit für eine ausführliche Führung über das bepflanzte Gelände, in dessen Mitte das Wohnhaus steht. Walter ist begeistert, alle die Setzlinge vorzufinden, die er im Norden und auch hier bislang vergeblich gesucht hatte. Mit den Namen Mame Patan, Oul, Neté, falscher und echter Colabaum etc. kann ich wenig anfangen. Außer den beiden typischen Bäumen Senegals, Baobab und Kapokbaum (Fromagier), kann ich nur den Dünenbaum Filao und den Kaïlcédrat mit seinen typischen geschwürartigen Verdickungen am Stamm wiedererkennen. Eine seltsame Palmenart erklärt mir Walter als "Baum der Reisenden", da die gestaffelten Palmblätter das Wasser auffangen und in den unteren Verdickungen sammeln. Dort könne der durstige Reisende mit dem Messer die Pflanze anstechen und trinkbares Wasser erhalten. Kéba Aidara erzählt nach der umfangreichen Bestellaufnahme von Walter, dass es um einige Baumarten im Senegal schlecht bestellt sei. Den Schutz von staatlicher Seite hält er für völlig unzureichend und trifft sich in dieser Einstellung mit seinem Nachbarn Ali Haidar, der auf der gegenüberliegenden Straßenseite sein Domizil hat. Auch Kéba erwähnt den in der Region von ausländischer Seite unterstützen illegalen Holzschlag, der kaum verfolgt werde.

Kébas Plan ist die Anlage eines geschützten Ressourcenwaldes in der Nähe von Ziguinchor; das Gelände habe er schon, 36 Hektar mit ausreichend Wasser. Er brauche noch Finanzgeber für zumindest eine vorerst teilweise Umzäunung. Vorgesehen sei auch ein Besucherkomplex mit Unterkünften, er denke da an interessierte weiße Botaniker, vielleicht Rentner oder Naturschützer. Auf dem Filmchen, welches er vom Handy abspielt, kann man nicht mehr erkennen als ein großes teilfeuchtes Gelände. Die Idee ist sympathisch und weitreichend, über die Lebenszeit des älteren Mannes hinausgehend, das Projekt vielleicht eine Nummer zu groß, aber ich kenne die Verbindungen nicht, über die Kéba verfügt.

Es ist ermutigend, dem zugleich kritischen und optimistischen Mann zuzuhören, der ruhig und sachkundig durch seine Pflanzenwelt führt. Er zeigt uns seinen "heiligen Baum", einen Baobab mit zwei Wildbienennestern. "Seht ihr, die hier sind dumm. Auf dieser Seite weht der Wind im Frühjahr sehr stark, dann fallen sie immer runter." Das Nest der schlauen Bienen auf der Windschattenseite ist deutlich größer. Ich bewundere die Intelligenz dieses Bienenvolkes, kann aber auch der Insistenz des anderen Volkes meinen Respekt nicht versagen.

KURT hat all sein Schweizer Rentengeld in eine Schreinerei in einem Touristenort an der Küste gesteckt, die mit eingeführten Maschinen bester Qualität ausgestattet ist. Der Schreinermeister und ehemaliger Ausbilder will Anleitungen und Weiterbildungen für einheimische Schreiner anbieten. Daneben übernimmt er anspruchsvolle Aufträge, zumeist von Weißen, wie die Einrichtung einer großen Hotelküche oder die originelle Ausstattung eines Residentenhauses mit individuellen Holzmöbeln. Ob das wirklich funktioniert, muss sich noch zeigen.

Für die Information über das Holz für eine dicke Naturholz-Tischplatte, die Walter sich wünscht, ist Kurt auf jeden Fall die richtige Adresse. Wir haben Glück: Er verlässt gerade das Haus, als wir vorfahren, und wir erhalten wichtige Informationen zu diesem Anliegen, die allerdings ernüchternd sind. Keine Chance, sagt Kurt, sowohl was die Beschaffung angehe als auch den Transport. Falls erstere vielleicht noch irgendwo möglich sei, dann müsse für den Transport eine Genehmigung der zuständigen Eaux-et-Fôret-Behörde ausgestellt werden. Die sei zwar im Prinzip nicht teuer, aber würde für bestimmte Holzarten nicht oder nur bei enormen "Zuwendungen" ausgestellt. Er selbst habe vergeblich nach diesem Holz in der Gegend gesucht. Für Walter ist die Auskunft etwas enttäuschend, doch ist es erfreulich, dass anscheinend der dringende Schutz des senegalesischen Waldbestandes nun wohl etwas ernster genommen wird.

Der KÜSTENEROSION im gesamten Küstenabschnitt zwischen der gambischen und guineischen Grenze fallen viele ufernahe Bäume, zumeist Filaos, zum Opfer. Jedes Jahr wäscht das Meer in unterspülten Böschungsbereichen das Wurzelwerk der Bäume frei, die eine Zeit, noch blättertragend, geneigt stehen, dann fallen und bei Flut den Weg am Strand entlang versperren. Aus dem Strandwasser ragen gelegentlich tote Stümpfe, teils mit wie anklagend erhobenen Arm-Ästen, und bilden einen traurigen Anblick. Was sich leicht abschlagen lässt, wird bald als Brennholz genutzt. Die kargen Reste mahnen an einen Erosionsprozess, der auch mit Zementsäcken und Mauern nicht aufzuhalten ist[3].

(1)www.ecofund.org/de/news/haidar-el-ali-ein-portrait.html
(2) www.oceaniumdakar.org,
   www.easydive24.de/divingcenter_2.html
(3) https://www.arte.tv/de/videos/076707-000-A/senegal-eine-insel-versinkt/
Vgl. auch: „Auf den Spuren des verlorenen Waldes" ZEIT Nr. 29, Juli 2020

Ronierpalmen

Touloucouna

Wie ich auf Touloucouna gekommen bin, weiß ich nicht mehr genau. War es eine ambulante Händlerin, die mir irgendwo dieses Öl anbot? Hatte jemand davon erzählt? Jedenfalls war es weniger die Sache als der klangvolle Name, der mich zu einer weiteren Beschäftigung mit dem im Süden Senegals produzierten Öl anregte. Der unter dem wissenschaftlichen Namen *carapa procera*[1] bekannte Baum, der eine Höhe bis zu 35 Metern erreichen kann, kommt im Süden Senegals, in der Casamance vor. Dort machte ich mich 2015 auf die Suche vor allem nach den Produzenten des begehrten und teuren Öls. Leider war es nicht die Zeit der Ernte bzw. Verarbeitung des Samens, so dass die Recherchen wenig ergiebig blieben. Immerhin konnte ich erfahren, dass die wilden oder in Familienbesitz befindlichen Touloucouna-Bäume spärlich sind. Ein Hinweis auf einen Ort an der Küste stellte sich als wertvoller Tipp heraus, da hier ein ganzes Dorf von der Herstellung des Öls leben sollte.

Bouyoje, ein unscheinbares Örtchen in der Nähe von Djembering, besuchte ich 2017 und 2019. Hat man die knapp zwei Kilometer Piste von der Asphaltstraße ins Dorf ("Village solaire") zurückgelegt und den Wagen am Dorfeingang geparkt, dauert es nicht lange, bis einer der schlaksigen jungen Diola-Jungs freundlich "Bonjour!" sagt und sich nach wenigen Sätzen als Führer durchs Dorf anbietet. Dabei spielt neben den zur Schau gestellten Traditionen (alte Tamtams, mehrere Fetische, die immer am selben Platz im Schatten herumsitzenden Dorfältesten ...) auch Touloucouna eine Rolle. Wir besuchen eine der ansässigen Familien, die überwiegend von der Ölherstellung leben. Leider oder zum Glück der Produzenten ist fast alles Öl verkauft; ein Fläschchen von 250 cl kann aber den Toubabs noch überlassen werden für 2000 CFA. Es gebe Großabnehmer aus

Dakar, die fast die ganze Ernte kaufen, übersetzt unser Begleiter Mohamet. Das Touloucouna-Öl erfährt eine Art Renaissance wie auch andere afrikanische Pflanzenextrakte, die als Nahrungsergänzungsmittel bzw. „Superfood" ihren Weg vor allem in die Internetshops Europas gefunden haben.[2]

Es ist Aufgabe vor allem der älteren Frauen, sich um die Pflege der Bäume, das Sammeln der Samenkerne und deren Bearbeitung bis zur Gewinnung des braunen Öls zu kümmern. Eine aufwändige Arbeit, für die sich die jungen Leute kaum interessieren; vielleicht auch deshalb ist der Bestand der Touloucouna-Bäume in der Casamance rückläufig.

Nach dem Sammeln der Kerne werden diese aufgebrochen und zum Trocknen in die Sonne gelegt. Einige Stücke der Samenhaut werden beigefügt, um das Zerstampfen zu erleichtern. Die getrockneten Samenkerne werden im Oktober und November geröstet und dann zu Pulver gemahlen. Dieses wird in Wasser aufgekocht, traditionell in einem Tongefäß, aber heute immer öfter in einem aus Aluminium. Nach zwei bis drei Stunden des Siedens tritt das erste Öl aus und wird Tropfen für Tropfen aufgefangen. [3]

Wir werden vor gepanschtem Öl gewarnt, das wohl häufig auf den Märkten im Senegal angeboten wird: eine Mischung aus Touloucouna und Motoröl. Zwar sei das Öl bei längerem Rösten tatsächlich recht dunkel, aber werde eben oft durch Motoröl-Zusatz nachgedunkelt. Helles Öl bei kürzerer Röstzeit sei meist nicht gepantscht und werde mehr verkauft als das dunkle Öl.

Welche guten Eigenschaften denn das Öl habe, möchte ich wissen. Die Frage wird bereitwillig aufgegriffen und eine Lobrede auf Touloucouna beginnt. Man verwende es äußerlich schon bei den Babys als Massageöl, welches die empfindliche Haut schütze und pflege. Und gegen Muskelschmerzen helfe eine Einreibung des Öls. Es eigne sich auch gut zur Anwendung als Balsam, als Seife und als Insekten vertreibendes Mittel. Wie schon der Wolof-Name "Touloucouna" (bitteres Öl) sage, schmecke das Öl sehr bitter, sei aber mit Honig versetzt auch gut zur inneren Anwendung bei diversen Krankheiten geeignet, es lindere Bauchschmerzen und helfe bei allen Hautproblemen. Unser örtlicher Begleiter ergänzt später auf Nachfrage, dass das Öl auch bei Getreidelagerungen verwendet werde, wo es die Insekten fernhalte.

Der botanische Lehrpfad bei Djembering[4] besitzt ein Exemplar *carapa procera*; hier werden auf der Tafel auch die mineralreichen Blätter des Baumes angeführt, die, zu Tee verkocht, vor allem Frauen nach der Niederkunft gegeben werden. Auch die Rinde kann medizinisch verwertet werden, und das termitenresistente Holz ist in den lokalen Schreinereien beliebt. Die Gefährdung dieser Baumart wird hier u.a. auf die komplizierte natürliche Vermehrung zurückgeführt, da erst ein tierischer Zwischenträger die Nuss verdauen muss, um den Samenkern bei der Ausscheidung freizusetzen.

(1) http://www.sarsarale.org/2017/08/13/pflanze-der-woche-carapa-procera-tulukunu-wolof
(2) http://baobab-des-saveurs.com/huile_de_touloucouna_en.html
https://senegal-export.com/l-huile-d-andiroba-touloucouna,76.html
(3)www.researchgate.net/publication/231797521_L'huile_de_carapa_Carapa_sp
p_Meliaceae_en_Afrique_de_l'Ouest_utilisations_et_implications_dans_la_cons
ervation_des_peuplements_naturels
(4) https://www.ilovecasamance.com/ecoparc-de-diembering

Zu den Bildern

Assane

bei der Tee-Zeremonie auf der Terrasse seines Hauses in Dakar. Mittlerweile lebt er in Deutschland und studiert Germanistik.

Auf der Suche ...

Fatou und Didi beim Wäschewaschen irgendwo im Viertel Lyndiane in Ziguinchor.

École Patate

Wie vor vielen Schulen steht auch hier ein angerostetes UNICEF-Schild mit der Aufschrift der dritten Phase. Auf den ersten Schildern war zu lesen "Je veux aller à l'école", die zweite Schilder-Generation präzisierte aus gutem Grund "Je veux aller et rester à l'école".

An der Küste

Nicht nur das Meer bedroht die Küste und die teils dicht am Wasser gebauten kleinen Tourismusbetriebe, indem es jedes Jahr ein Stück mehr vom Sandstrand wegfrisst. Neuerdings ist coltanhaltiger Mineralsand im Küstenstreifen südlich der gambischen Grenze gefunden worden, um deren Ausbeutung sich ausländische Gesellschaften bewerben. Die Exploitation würde das Aus für den Kleintourismus und teils auch für die landwirtschaftliche Nutzung des nahen Hinterlandes bedeuten. In den Dörfern formiert sich dagegen deutlicher Widerstand.

Soungrougrou

Abendstimmung auf dem Soungrougrou, nachdem der Pirogen-Motor doch wieder zum Leben erwacht war.

Kanyalang

Genaues Alter unbekannt: Die Vorsitzende der Kanyalang-Gruppe beeindruckt durch ihre Präsenz und ihren lebendigen Tanz. Ihre Kanyalang-Kolleginnen unterstützen sie mit rhythmischem Klatschen.

EINDRÜCKE UND REFLEXIONEN

Schlange stehen

Ob beim Ticketkauf an der Fähre, beim Boarding im Flughafen Dakar, beim Kauf in einem gut besuchten Geschäft: immer wenn viele Menschen sich drängeln und etwas wollen, fällt ein deutlicher Unterschied zwischen europäischen und senegalesischen Verhaltensweisen auf.

Dort wo im Westen eine meist geordnete Schlange entsteht, einer hinter dem anderen, sieht man im Senegal ein Gewusel, viele Menschen auf einem Haufen. Dort wo ich als Deutscher meinen Platz habe, d.h. einen anderen Menschen vor und einen hinter mir, stehen im Senegal mehrere Menschen um mich herum. Ist mein Platz in Deutschland durch die Schlange definiert und dadurch die Bearbeitung meines Anliegens einschätzbar, absehbar, finde ich dafür im Senegal keinen Anhaltspunkt und treibe irgendwie mit anderen auf den entscheidenden Punkt zu. Immer wieder kommt es vor, dass mich einzelne Personen überholen („sich vordrängeln", meint mein Kopf); und manchmal finde ich mich vor einer Person, die gerade noch neben oder gar hinter mir stand. Ich fand solche Situationen, die ich auch im Straßenverkehr beobachten konnte, immer irgendwie schwierig.

Wenn ich ohne Wertung den Unterschied betrachte, ist die senegalesische Variante eher wie ein Fluss, der im Moment der entscheidenden Verengung sich selbst regelt. Hier entsteht eine selbstverständliche Rücksichtnahme; ohne Anecken, Platz-behauptung, gar Ärger und böse Worte „fließt" es durch den Engpass, durch den ja jede/r will.

Einen definierten Platz in der Schlange im Heimatland gilt es zu halten, ggf. zu verteidigen. Vordrängler sind Feinde, die mir meinen Platz streitig machen wollen. Hier stehe ich zusammen mit anderen, die alle ein Ziel haben, bin Teil eine Menge, die dasselbe will und sich irgendwie selbst regelt.

Mittlerweile finde ich diesen Fluss ganz angenehm, ich kann mich ihm relativ entspannt überlassen und muss nicht diese Aufmerksamkeit haben, mit der ich „meinen" Platz sichern zu müssen meine. Mal einen kleinen Schritt zur Seite, mal etwas aufrücken, mal den nächsten Schritt etwas verzögern: es geht wie von allein, sich dem „Vorwärtsfließen" zu überlassen und sich dann – ach, doch so schnell? – unangestrengt vor dem Nadelöhr wiederzufinden.

Der reiche weiße Tourist

Ein Bewusstsein für die Dimension des Unterschieds zwischen meinem „Reichtum" und dem Einkommen eines (vielleicht nur saisonal) arbeitenden Einheimischen zu haben, kann tatsächlich belastend sein, öffnet aber den Blick auf eine Realität, in der man sich danach nicht mehr ganz so unbedarft bewegt bzw. für die man etwas mehr Verständnis hinsichtlich bestimmter Verhaltensweisen/Reaktionen entwickelt. Beispiel: Für eine Zwischenübernachtung vor vielen Jahren war ich in einem kleinen Hotel abgestiegen, hatte dort zu Abend gegessen und zwei Bier getrunken. Im Gespräch mit der netten Angestellten erfuhr ich u.a. die Höhe ihres Monatsgehaltes, hätte die geringe Summe sofort vergessen, wenn nicht bei der Abreise am nächsten Morgen in etwa dieser Betrag auf der Rechnung gestanden hätte. Was sie im Monat verdiente, ging es mir durch den Kopf, hatte ich hier in 10 Stunden ausgegeben. Ich verließ das Hotel mit einem eigenartigen Gefühl und überlegte, was ich entsprechend in Deutschland hätte ausgeben müssen, um auf das Monatsgehalt einer Hotelangestellten zu kommen. 1500 Euro? 1800 Euro? Für eine Nacht mit Abendessen?? Da kommt ja Udo Lindenberg im „Atlantic" in Hamburg mit 1000 Euro pro Nacht inkl. Abendessen/Getränke noch gut weg! Die Dimension dieses Unterschieds beeindruckte mich und veränderte ein wenig meine Sicht auf die Situation der Angestellten. Zum anderen verstand ich besser, dass für viele einheimische junge Frauen und Männer ein Job in der Tourismusbranche ein Absprungbrett ist: Sie sind in einem Kontaktbereich tätig, in dem sich vielleicht ein weißer Partner finden lässt und ein höheres Monatsauskommen, evtl. lebenslang…

Allein meine Kosten für die Hin- und Rückreise meiner Senegaltour in Höhe von mehreren hundert Euro entsprachen damals dem durchschnittlichen Einkommen einer Hausangestellten während etwa 10 Monaten Beschäftigung. Keineswegs fühle ich mich „reich" nach europäischen Maßstäben, in Anbetracht dieser Relationen verstehe ich jedoch, dass weiße Touristen generell als „reich" angesehen werden.

Oft bestimmen ein unterschwelliges schlechtes Gewissen und/oder eine naiv-moralische Haltung die Geldbeziehungen zwischen weißen Touristen und Einheimischen mit. Eine Art Freikauf vom diffusen Unbehagen über die vorgefundene Armut findet statt beim Erwerb einheimischer Schmuck-, Holz- oder Textilarbeiten, wenn dem verlangten Preis, oft lediglich ein Verhandlungsvorschlag, noch ein freiwilliger Aufschlag hinzugefügt wird. „Ich kann es mir ja leisten, und sie können es gut gebrauchen" ist dabei die Einstellung des/der weißen Touristen/Touristin.

Wenige weiße Besucher bedenken, wie die üblichen Preise sind, in welchem Verhältnis Leistung und Bezahlung (im örtlichen Kontext) stehen, was an Bezahlung „angemessen" ist, welche Handlungsrituale üblich sind. Über einen vorgeschlagenen Preis zu verhandeln, zu feilschen (abgesehen bei den Dingen des täglichen Bedarf), ist hier oft ein Kommunikationsvorgang zwischen Verkäufer und Käufer, an dessen Ende – nicht nur im idealen Fall, sondern in der Regel – die Zufriedenheit beider Personen steht. Man kommt sich im Verkaufsgespräch näher, verbringt etwas Zeit miteinander, scherzt vielleicht zusammen, erkundigt sich nach der Familie, geht weg und kommt zurück, trinkt einen Tee etc. Das Verkaufsritual impliziert die Vorstellung, dass der Kunde – üblicherweise aus dem gleichen Ort, aus der Umgebung – wiederkommt, man sich auf der Straße wiedersieht, ein weiteres Verkaufsgespräch führen wird etc. Diese Vorstellung unterscheidet den Kauf-/Verkaufsvorgang im Senegal vom anonymen Kauf im europäischen Supermarkt, in dem es nur eine sehr reduzierte, oder vom Online-Kauf, bei dem es so gut wie keine persönliche Beziehung zwischen Verkäufer und Käufer gibt.

"Ich will niemanden ausbeuten": Mit dieser Begründung zahlt ein deutscher Resident seinem Personal im touristischen Küstenort recht hohe Monatslöhne, und dies das ganze Jahr hindurch. Selbst während seiner Abwesenheit, wenn die Dienstleistungen minimal sind, bekommen die beiden Angestellten die gleichen Löhne, im Unterschied zu vielen anderen Angestellten bei Saisonresidenten, die während ihrer Abwesenheit den Lohn reduzieren. Soll ersteres Verhalten eventuell die fehlende Überwachung durch erhöhte Zuwendung ersetzen im Sinne einer unausgesprochenen Erwartung „Du hast in meiner Abwesenheit zwar weniger Arbeit zu erledigen, doch soll dich meine Großzügigkeit verpflichten, deine Aufgaben ordentlich zu erledigen,", so entspricht die zweite Variante einer realistischen Sicht – „Du hast weniger Arbeit, also erhältst du entsprechend weniger Lohn" –, der entsprechend auch ein einheimischer Arbeitgeber gehandelt hätte.

Dabei gilt, dass die Arbeit keineswegs besser oder verlässlicher wird durch die Zahlung höherer Löhne/Preise, vielleicht eher im Gegenteil: „Wenn er mir für diese geringe Tätigkeit so viel gibt, dann hat er genug, dann kommt es nicht darauf an." So in etwa der implizite Lernprozess, von den Folgerungen daraus mal abgesehen.

Erfahrungsgemäß ist die verlässliche Erledigung der Arbeiten in Abwesenheit des weißen Eigentümers weniger eine Geldsache als die Folge eines gewachsenen guten Verhältnisses zwischen weißem Patron und seinen schwarzen Angestellten.

Die Wasserschäden der Regenzeit zu begrenzen, wäre eine Aufgabe der überbezahlten Angestellten gewesen, sie fanden es aber "pas grave", nicht schlimm, dass die Gebäudemauern wochenlang im Wasser standen und dieses aufsogen …

Die bereitwillig höhere Preise zahlenden Touristen in den Küstenorten treiben, wie überall, das Preisniveau besonders für alle Arbeiten rund um den Hausbau in die Höhe. Mittlerweile werden im kleinen Küstenort, den ich seit Jahren kenne, Bauarbeiten von Unternehmen aus entfernteren Ortschaften günstiger und verlässlicher erledigt als von ansässigen Firmen und Arbeitern. Auch Materialien sind teils inklusive Antransport aus Depots der größeren Ortschaften der Umgebung günstiger zu haben als vor Ort.

Hausmädchen in Dakar

Arbeit als Hausmädchen – das ist im Senegal für Mädchen und junge Frauen ohne Ausbildung fast die einzige Möglichkeit, vor der Heirat Geld zu verdienen. Mit der Krise in der Landwirtschaft in den 60-er Jahren hat die Abwanderung der jungen Frauen in die großen Städte enorm zugenommen[1]. In Dakar übertrifft die Zahl der Arbeit suchenden Mädchen ("mbindaan") seit langem das Angebot. Das senkt den durchschnittlichen Monatslohn, der eh nicht hoch liegt, und so können sich viele Familien ein Hausmädchen leisten.

An einigen großen Kreuzungen in Dakar (z.B. Rond-point Liberté 6) gibt es so genannte Hausmädchen-Märkte, die den Gedanken an moderne Sklavenmärkte aufkommen lassen. Ein männlicher "Betreuer" ist der erste Ansprechpartner für den Patron oder die Hausdame, die eine Angestellte suchen. Der "Betreuer" nimmt unter seinen vier bis zehn Kandidatinnen eine Grobauswahl vor und verweist den Interessenten an ein oder zwei der herumstehenden oder -sitzenden Frauen. Mit diesen erfolgt das individuelle "Bewerbungsgespräch" auf offener Straße. Dabei geht es um die Arbeitszeiten, den Beschäftigungsumfang, die Wohnbedingungen, die Qualifikation etc. Natürlich spielt hier die Herkunft, d.h. die Ethnie und damit die gemeinsame Sprache und Kultur, eine wichtige Rolle. Ist man sich einig geworden, kassiert der "Betreuer" einen kleinen Betrag, das eingestellte Mädchen nimmt seine große Tasche und geht mit dem neuen Arbeitgeber zum neuen Arbeitsplatz. In vielen Fällen ist dies zugleich der Wohnort, vor allem dann, wenn das Mädchen in einem Vorort von Dakar wohnt und nach der Arbeit einen sehr langen Weg nach Hause hätte.

Das Zimmer teilt sich das Hausmädchen in der Regel mit einer Familienangehörigen oder einem zweiten Dienstmädchen. Für den Hausherrn hat diese Regelung den Vorteil, dass die Arbeitskraft immer verfügbar ist. Die ständige Verfügbarkeit kann, besonders bei unerfahrenen oder wenig selbstbewussten Mädchen, ein enormer Nachteil sein, denn der Arbeitsumfang steigt oft, und der Lohn bleibt gleich. Es gibt keine festen Arbeitszeiten; wenn etwas zu tun ist, muss dies erledigt werden. Unterkunft und Mahlzeiten werden beim Lohn mitbedacht, spielen aber eine untergeordnete Rolle, da sie keine großen Kosten verursachen.

Der Aufgabenbereich der Hausmädchens kann sich auf alle Hausarbeiten erstrecken: Haushaltung, Putzen und Aufräumen, Waschen, Bügeln, Mahlzeiten zubereiten. Auch Kinderbetreuung und Einkaufen können dazugehören ebenso wie viele kleine Dienstleistungen nebenbei. Die jungen Frauen arbeiten etwa 10 Stunden am Tag und dies oft sieben Tage in der Woche. Der Monatslohn liegt zwischen 30.000 und 50.000 CFA je nach Umfang der vereinbarten Tätigkeiten, also zwischen 45 und 75 Euro. Davon kann das tägliche Fahrgeld noch abgehen. Viele Haushalte haben zwei Hausmädchen, meist ist dann eines ausschließlich für die Mahlzeiten zuständig.

Das Alter der "bonnes à tout faire" (Mädchen für alles) liegt zwischen 10 und 25 Jahren; die jüngsten stammen oft aus dem Herkunftsdorf der Arbeitgeber, aus der eigenen Großfamilie und erhalten kaum einen nennenswerten Lohn. Bei den älteren sind seit einigen Jahren die nicht alphabetisierten jungen Landmädchen nicht mehr in der Überzahl. Gerade die gehobenen

Schichten schätzen die Vorteile einer Angestellten, die lesen, schreiben und rechnen kann.

Verschiedene Organisationen[2] haben sich inzwischen der Probleme der Hausmädchen und deren weitgehend ungeregelter Beschäftigungsverhältnisse angenommen, denn lange war dies ein nahezu rechtloser Raum, in dem der Patron nach Gutdünken schalten und walten konnte. Verträge wurden nur mündlich geschlossen und hatten keine Verbindlichkeit. Entlassungen am Monatsende, kurz vor dem Termin der Lohnauszahlung, waren verbreitet. Unter einem nichtigen oder erfundenen Vorwand, vornehmlich dem des Diebstahls, wurde das Hausmädchen aus dem Haus gejagt – ohne den ihm zustehenden Lohn für den Monat zu bekommen.

Werden die Hausmädchen in vielen Familien wie Familienmitglieder behandelt, so werden sie in anderen ausgebeutet, beschimpft und sind Willkür, Schlägen und sexuellen Übergriffe ausgeliefert.

Wenn das Hausmädchen zu dunkle Haut hat, ist es schmutzig.
Wenn das Hausmädchen zu hübsch ist, verdreht es dem Gatten den Kopf.
Wenn das Hausmädchen zu gutmütig ist, kann man es sexuell missbrauchen.
Wenn das Hausmädchen vom Hausherrn vergewaltigt wurde, dann hat es dies selbst provoziert.
Wenn das Hausmädchen schwanger wird, ist es unproduktiv und muss schnell entlassen werden.
Wenn das Hausmädchen gut bezahlt wird, wird sie bald danach trachten wegzukommen.
Wenn das Hausmädchen sich nach seinen Möglichkeiten kleidet, gilt es als personifizierte Armut.
Wenn ein Schmuckstück der Hausherrin verschwindet, ist es das Hausmädchen, das es gestohlen hat.
Wenn das Hausmädchen seinen Lohn fordert, ist es rebellisch.
Schließlich ist das Mädchen außer, dass es gut für alles ist,
alles - außer gut.[3]

Mittlerweile gibt es Anlaufstellen, bei denen sich die Mädchen in solchen Fällen melden und beraten lassen können und die sie ggf. auch bei einer Klage gegen den Arbeitgeber unterstützen. Zudem bieten diese Organisationen Ausbildungsmöglichkeiten an, die die Qualifikationen der Mädchen erhöhen und damit deren Marktwert steigern. Näh- und Kochkurse gehören ebenso dazu wie Französisch- und Rechenunterricht.

Wenn die jungen Mädchen in ihr Dorf zurückkommen mit etwas Geld, neuen Kleidern etc., kann dies die Freundinnen bewegen, ebenfalls in der großen Stadt nach einer Hausmädchenstelle zu suchen. In den Dörfern ist es für die Lehrer ein bekanntes Phänomen, dass nach den langen Sommerferien einige der älteren Mädchen nicht wieder in der Schule auftauchen: Sie haben in der Stadt einen Hausmädchen-Job gefunden, bleiben dort und verzichten auf den Schulabschluss. Es gibt Initiativen von NROs, den Mädchen durch ein in Aussicht gestelltes kleines Geldgeschenk nach den Ferien den weiteren Schulbesuch "schmackhaft" zu machen. –
Die verschiedenen Forderungen, die seit längerem immer wieder von unterschiedlichen Seiten erhoben werden, um die Arbeitsbedingungen der Hausmädchen zu regeln, ihre Abhängigkeit zu verringern und ihre Rechte zu stärken, haben bislang noch keinen nennenswerten Ausdruck in Gesetzen oder Institutionen gefunden.

(1) http://vimeo.com/81589270 oder
http://www.marthelemore.com/cinema/mbindaan.html
Mbindaan – la bonne: Ein Kurzfilm (2006) über Awa, ein Landmädchen, das nach Dakar geht, um dort als Hausmädchen Geld zu verdienen und so den Eltern zu helfen.

(2) Beispiel: Das 1994 gegründete Hausmädchenprojekt "Conseil d'appui aux employées de maison" (Caem), ein Projekt der „Jeunesse Ouvrière Chrétienne

Féminine" (JOFC) Dakar Sénégal", bildet in fünf Ausbildungszentren Hausmädchen aus. Die JOFC ist eine Organisation der weiblichen christlich-katholischen Arbeiterjugend, die bereits seit 1971 Hausmädchen unterstützt. Sie versucht die Menschenwürde jugendlicher Menschen zu schützen und kämpft gegen die Unterschätzung und Unterdrückung der Frauen in der patriarchalen senegalesischen Gesellschaft. Sie ist das „weibliche Pendant" zur „Jeunesse Ouvrière Chrétienne" (JOC). Die JOCF wird finanziell durch verschiedene katholische Organisationen in Frankreich und durch das deutsche Kindermissionswerk unterstützt. Die katholische Erzdiözese in Dakar stellte die Räumlichkeiten für die Einrichtung zur Verfügung.

(3) vgl. den ausführlichen frz. Artikel auf: https://www.au-senegal.com/des-bonnes-a-vraiment-tout-faire,14064.html?lang=fr

Schöne Frauen

"Die Frauen aus dem Senegal gelten als die schönsten in ganz Westafrika", so beginnt ein Fernsehfilm[1], der sich mit den Frauen im Senegal beschäftigt. Die dieser Aussage zugrunde liegende Vergleichsmöglichkeit habe ich nicht. Allerdings war mir an den senegalesischen Frauen schon bei den ersten Aufenthalten im Land vor allem die aufrechte Haltung und der gemessene Gang aufgefallen. Beides vermittelt den Eindruck von Würde und Gelassenheit sowie eines natürlichen fraulichen Selbstbewusstseins. Diese quasi "natürliche" Ästhetik der Bewegung wird ergänzt durch das intensive Bemühen der Frauen, durch Kleidung, Frisur und Make-Up ihre Erscheinung aufzuwerten.

Eng anliegende Kleidung, kurze Röcke oder Jeans werden von den jungen städtischen Frauen bevorzugt. Der Pagne (rechteckiges Stoffstück, das um die Hüften gewickelt wird) in verschiedensten Farben und Mustern wird von den älteren Frauen bzw. denen auf dem Lande getragen. "Den grand boubou elegant zu tragen, in ihm auf Festen zu tanzen oder beim Gehen seinen Saum anzuheben, um mit gespielter Nonchalance den Blick auf Körperrundungen freizugeben, gilt im Senegal als hohe Kunst weiblicher Verführung. Wer sie beherrscht, wird bewundernd dirianké, große Dame, genannt."[2]

Zu den muslimischen Feiertagen Tabaski und Korité erwarten die Frauen, teils auch die Kinder, traditionsgemäß neue Kleider vom Mann bzw. vom Vater. Zu dieser Zeit steigen regelmäßig die Schulden vieler Familienväter, und die örtlichen Schneider haben viel zu tun.

Für den westlichen Besucher ungewohnt und ein wenig gewöhnungsbedürftig ist der Umgang der Frauen mit der Frisur bzw. der Perücke, die gewechselt wird wie ein Kleidungsstück und die das Erscheinungsbild einer Frau entscheidend bestimmt. In der vielfältigen Auswahl der Kunsthaarperücken spiegelt sich, wie in anderen ästhetischen Bereichen, deutlich die Orientierung an einem westlichen Schönheitsideal wider. Die marktbeherrschenden Marken Linda, Nina und Darling mit ihren industriell gefertigten Kunsthaaren sind in jeder zweiten Boutique und in jedem Kosmetikladen vertreten. Sie geben den Frauen alle Wahlmöglichkeiten zwischen lang und kurz, glatt und lockig, Afrolook oder Pagenschnitt. Die Auswahl ist riesig[3] und die Preise sind nach inländischen Maßstäben eher hoch.

Es wird unterschieden zwischen "mèches", den eingeflochtenen, mehr oder weniger umfangreichen Strähnen oder Flechtteilen, und den Perücken, den aufs Kopfhaar aufgesetzten Kunsthaaren. Vor allem junge Frauen nennen oft eine ziemlich große Auswahl an Perücken oder mèches ihr eigen.

Wiederholt habe ich weibliche Bekannte auf der Straße nicht gleich wiedererkannt, weil sie beim letzten Treffen eine völlig andere Frisur und Erscheinung hatten. Während eines Besuches bei Freunden, die mit mir nach dem Abendessen zu einer Veranstaltung gehen wollten, verließ die eher unscheinbare Hausfrau nach dem Essen die Runde. Die Gespräche und Scherze unter den Zurückgebliebenen zogen sich hin, der Fernseher lief, Fotos wurden gezeigt. Nach mehr als einer Stunde betrat eine schöne Frau das Wohnzimmer in einem eng anliegenden blauen Kleid, mit glatten, halblangen Haaren und hohen Schuhen. Ich wartete auf eine kurze Vorstellung und wollte die Fremde begrüßen, doch sie wurde wie selbstverständlich aufgenommen und gleich mit einigen Scherzworten angesprochen. Erst als dann ihr Name fiel, dämmerte es mir, dass sich die unscheinbare Hausdame in diese selbstbewusste Schönheit verwandelt hatte und nun ausgehbereit vor mir stand, meine Verwirrung offensichtlich genießend.

Eine naturbelassene Kopfbehaarung sieht man bei senegalesischen Frauen eher selten. Das in den Medien, vor allem im Fernsehen und auf Werbeplakaten in Dakar, verbreitete westliche Frauenbild bestimmt überwiegend das Mode-bewusstsein und das ästhetische Selbstverständnis der Senegalesinnen. Auf den riesigen Werbetafeln in Dakar sind die Frauen durchweg mit westlichen Frisuren und mit Hauttönen dargestellt, die heller sind als die meisten der tatsächlich bei den Senegalesinnen vorfindbaren. Eine helle Haut gilt als schöner denn eine dunkle, gar schwarze, und jede Nuance auf der Skala zwischen Hellbraun und Schwarz kann über die Attraktivität einer Frau bzw. ihre ästhetische Selbstbewertung mitentscheiden. Ein heller Hautton gilt zudem als Zeichen des sozialen Erfolges. Helle Haut gehört zum Wunschbild senegalesischer Frauen, dem sie mit den entsprechenden Mitteln nahe zu kommen versuchen. Depigmentierungs-Cremes aus Kaolinerde oder mit Bleichmitteln versetzt gibt es überall zu kaufen, mal über, mal unter dem Ladentisch. Der Gebrauch dieser oft mit haut- und gesundheitsschädlichen Stoffen versetzten Produkte geht ins Geld, da sie ihre Wirkung erst nach längerem Gebrauch entfalten und ihre Anwendung beibehalten werden muss. Die geringsten negativen Folgen für die Frauen können Hautirritationen, Hautflecken und -ausschläge, Hautentzündungen und schnelle Hautalterung sein, viel schlimmere Folgen der Anwendung von Cremes mit Kortikosteroiden, Hydrochinon, Quecksilber und Bleichmitteln sind die Schwächung des Immunsystems, die Mitverursachung von Diabetes, Osteoporose, Unfruchtbarkeit und Krebs. Mütter, die an die Zukunft ihrer Kinder denken, massieren ihren Bauch während der Schwangerschaft mit den Depigmentierungsmitteln und der Vorstellung ein, ihr Kind werde mit einer helleren Haut zur Welt komme und bessere gesellschaftliche Chancen haben. Eines dieser Produkte hat den viel versprechenden Namen "HT26 besonderes Kind"[4].

Ältere Frauen nehmen an Umfang zu, vor allem, wenn die soziale Situation keine Einschränkungen beim Essen erfordert. Auch dies entspricht einem altersgemäßen Schönheitsideal, das sich dann eher an afrikanischen Normen als an westlichen orientiert: "Der europäische Schlankheitskult indes hat bis heute nicht Einzug gehalten."[5]

(1) Sexy, sinnlich, polygam - Frauen im Senegal.
www.swr.de/lma/laender-menschen-abenteuer-sexy-sinnlich-polygam-
frauen-im-senegal
(2) Kommentar zum Film (s.o.)
(3) vgl. die Bilder auf: http://darlingsn.com
(4)http://www.jeuneafrique.com/Article/ARTJAWEB20091202151213/fr
ance-afrique-enfant-cosmetiquedepigmentation-les-enfants-aussi.html
(5) Kommentar zum Film (s.o.)

Mann - Frau, Schwarz - Weiß

Die **Vielehe** ist in der senegalesischen Gesellschaft tief verankert. Dass sie in der Praxis als zivilrechtlich geschlossene und offen gelebte polygame Beziehung zurückgeht, belegen Statistiken. "Die Männer der jüngeren Generation finden sie zu kostspielig und emotional zu kompliziert; auch diese Kriterien sind einheimischer Art und entsprechen nicht unbedingt einem westlichen Gender-equality-Katalog."[1] Vor allem immer mehr junge Frauen wünschen sich die monogame Ehe, über die sie im Heiratsdokument entscheiden können[2]. Auch wenn die Polygamie heute anscheinend weniger praktiziert wird, ist die Selbstverständlichkeit, mit der senegalesische Männer mehrere Beziehungen nebeneinander führen, weiter vorhanden und von weißen Frauen weder einschätzbar noch nachvollziehbar. Der senegalesische Mann empfindet gleichzeitige Beziehungen zu mehreren Frauen als normal; er kann das im Koran festgeschrieben Recht auf vier Frauen in Anspruch nehmen, erlebt diese Praxis von klein auf und würde oft gerne, wenn er das Geld dazu hätte, eine weitere Frau ehelichen.

In der gesellschaftlichen Praxis werden heute polygame Beziehungen weniger formell und eher verdeckt gelebt. Schon früher war es oft so, dass die zweite oder dritte Frau in einem anderen Stadtteil oder Dorf oder in einem anderen Landesteil lebte und gelegentlich Besuch und Geld von ihrem Mann bekam. Die räumliche Trennung kennzeichnet heute, auch ohne Eheschließung, viele Beziehungen, und die vermeintlich erste Frau weiß mitunter nicht, dass sie die zweite oder dritte Partnerin ist. Vor allem wird dies die weiße Frau nicht erfahren, deren seltsame monogame Übertreibung dem senegalesischen Mann unverständlich ist. Warum der weißen Partnerin also etwas mitteilen, was sie unnötig aufregt und was die bislang gute Beziehung empfindlich stören könnte? Dieses Verheimlichen geht umso leichter, als die Beziehung zur weißen Partnerin oft eine auf Zeit ist oder sich fern der afrikanischen Ehefrau (z.B. in Europa) abspielt. Selbst eine schwarze Ehefrau im Dorf lässt sich vor der anwesenden weißen Partnerin leicht verbergen, da senegalesische Ehe- und Liebesbeziehungen viel unauffälliger verlaufen als Paarbeziehungen in Deutschland. Wenn sich ein Kontakt nicht vermeiden lässt, kann die schwarze Frau als Schwester, Schwägerin, Cousine vorgestellt werden, um die und deren Kinder sich der Mann kümmern muss.

Die Lockerheit, mit der senegalesische Männer mehrere Beziehungen parallel leben können, hat einen weiteren Grund darin, dass die **Verantwortlichkeit für Kinder und Kindeserziehung** weitgehend bei den Frauen liegt. In den traditionellen Ehegemeinschaften sind es die Mütter, die primär für die Ernährung und Versorgung der Kinder zuständig sind mit ihren kleinen Zusatzeinkommen aus Obst- und Gemüseverkauf, Feldarbeit etc. Das Geld des Vaters kommt ggf. hinzu für Kosten, die über den Grundbedarf hinausgehen, in Krankheitsfällen, bei festlichen Anlässen, als Schulgeld etc. Insofern ist es der senegalesische Mann gewöhnt, dass die Frau die Kinder versorgt und wird sich darüber nicht den Kopf zerbrechen. In den Dörfern ist es üblich, dass die Frauen ohne die in den Städten oder im Ausland arbeitenden Männer auskommen, deren Geld unregelmäßig oder gar nicht eintrifft.

Eine **(traditionelle) Heirat** ist eine teure und aufwändige Angelegenheit[3], die sich junge Paare kaum leisten können. Ein mehrtägiges Fest, viele Geschenke, Essen für die vielköpfige

Hochzeitsgesellschaft, Brautkleid und Kopfschmuck, Foto- und Filmdokumentationen etc. kosten enorm viel Geld. So warten Paare lange ab, bis das nötige Geld für diesen kostspieligen Anlass zusammen ist. Das kann oft Jahre dauern und meist sind dann schon Kinder da. Uneheliche Kinder sind sehr häufig im Senegal; die meisten Erstgeburten sind unehelich.

Eine hohe **Mobilität** der Menschen im Senegal spielt ebenfalls eine Rolle. Nicht erst seit der Landflucht mit Booten nach Italien und Spanien in den letzten 25 Jahren versuchen senegalesische Männer Arbeit außerhalb ihres Landes zu finden. Bedeutende Gruppen gibt es schon länger in Frankreich, Amerika, Italien, Spanien und den arabischen Ländern. Sie zählen oft zur religiösen Bruderschaft der Mouriden und versuchen ihr religiöses und kulturelles Leben in der senegalesischen community des Gastlandes fortzuführen. Dass sich bei längeren Aufenthalten neue Liebes- und sexuelle Beziehungen im Gastland ergeben, ist selbstverständlich. Diese können auch zu Ehen führen. Inwieweit die neue Partnerin über eine bestehende Ehe im Heimatland informiert wird, bleibt dahingestellt. Die tief verwurzelte Zugehörigkeit zur afrikanischen Herkunftsgruppe, zur eigenen Familie, kann auch nach langem Aufenthalt in Europa und einer hochgradigen Assimilation dominieren und zu Konflikten und Brüchen mit der westlichen Partnerin führen.

Die europäischen **Vorstellungen von Beziehung, Liebe, Ehe** unterscheiden sich von denen der Westafrikaner. Die unserer hoch entwickelten Individualisierung entsprechende Auffassung von dem einen idealen Partner fürs Leben findet keine Entsprechung bei den Menschen in westafrikanischen Ländern mit anderer Kultur, Tradition und Religion. Die viel stärkere Einbeziehung des Einzelnen in Gruppen, über welche die eigene Identität gebildet wird, die oft noch stark einbindende Rolle der (Groß-)Familie, die Tradition der Vielehe, der wichtige Versorgungsgedanke bei der Heirat der Mädchen, die von den Eltern arrangierte Partnerfindung teils in jungem Alter usw. prägen das Verständnis von Liebe und Ehe. Die Ehe wird primär als eine Lebensgemeinschaft verstanden, in der die Kinder als Versorgungssicherheit für das Alter immer noch eine große Rolle spielen und in der die Fruchtbarkeit der Frau ihren Rang bestimmt und das Ansehen des Mannes stärkt.

Ein bedeutender Teil des Lebens der Ehepartner findet weiter in geschlechtsspezifischen Gruppen statt. Der Mann verbringt einen Teil seiner Freizeit mit den Männern seiner Altersklasse, seiner Initiationsgruppe, seines Berufsstandes, seiner Ethnie; was dort geredet wird, ist Männersache. Die senegalesische Frau ist viel mit den Frauen zusammen, auf dem Markt, in den Tontine-Gemeinschaften, beim Arbeiten auf dem Feld, beim Frisieren etc. Selbst im Haushalt ist es oft so, dass die Kinder, die Männer, die Frauen, die Gäste getrennt voneinander essen.

Liebe und persönliche Zuneigung finden keinen Ausdruck in der Öffentlichkeit; Zärtlichkeiten zwischen Paaren sieht man dort nicht, ja die Zusammengehörigkeit eines Paares lässt sich in der Öffentlichkeit an dessen Verhalten kaum erkennen. Küsse, Umarmungen, zärtliche Gesten vor anderen sind verpönt, selbst das Händchenhalten sieht man eher bei gleichgeschlechtlichen Freunden als bei Paaren.

In **schwarz-weißen Paarbeziehungen** können die kulturell unterschiedlichen Einstellungen zu Liebe und Ehe zu Missverständnissen und Enttäuschungen führen.[3] In den touristischen Küstenbereichen Senegals ist die Suche nach einer weißen Partnerin für viele junge Schwarze zu mehr als einer sportlichen Aktivität geworden. Dabei steht die enge, feste Beziehung ganz oben auf der Wunschliste vieler junger Männer (und Frauen). Wer „seinen" Toubab hat, hat damit eine Perspektive, aus der unmittelbaren Armut herauszukommen, dauerhaft finanziell unterstützt zu werden (inklusive der Familie), eine Ausbildung oder eine Existenzgrundlage (ein kleiner Laden z.B.), vielleicht sogar ein eigenes Haus zu erhalten oder ein Leben in Europa führen zu können. Jeder in diesen Orten kennt dafür eine Reihe von Beispielen, kennt Verwandte, Nachbarn, Freunde, Bekannte, denen durch die Beziehung zu einem/einer Weißen Schritte in diese Richtung gelungen sind. In den meisten Häusern, Boutiquen, Restaurants, Campements, Autos in den Touristen-Orten steckt das Geld eines "Toubabs". Viele Senegalesen sind bereit, dafür eine Menge zu tun, und die bereits vorhandene Ehefrau stellt sich nicht gegen eine solche Beziehung, denn eine von mehreren Ehefrauen zu sein, ist ihr kulturell nicht fremd und oft profitiert sie ebenfalls von der neuen Liaison.

Wird ein/e Einheimische/r zweimal mit einer weißen Partner/in im Touristen-Ort gesehen, beginnt sich das Verhalten in seiner Umgebung zu ändern: Freunde fragen, ob er/sie ihnen Geld leihen könne, geschuldetes Geld wird unversehens eingefordert, die Familie meldet Bedarf für dies und jenes an, der Vermieter ist nicht mehr bereit, die Miete zu stunden etc. –

Abschließend einige etwas spekulative, aber auf eine Reihe persönlicher Erfahrungen mit schwarz-weißen Paaren gegründete Ausführungen zu den Erfolgschancen von gemischten Partnerschaften. Von den möglichen schwarz-weißen Paarkombinationen scheinen am ehesten die eines weißen Mannes mit schwarzer Partnerin in Deutschland Bestand zu haben. Wenn die schwarze Partnerin bei ihrem weißen Mann in Europa lebt, ist ihre Anpassungsbereitschaft in der Regel groß, und die Familie im Senegal erwartet von der Tochter generell nicht im gleichen Maße eine Unterstützung wie von einem Sohn. Zudem bildet die finanzielle Abhängigkeit der Frau einen wie immer auch zu bewertenden zusätzlichen Kitt für die Beziehung.

Eher gering ist m. E. nach die Erfolgsaussicht einer Kombination weiße Frau/schwarzer Partner bei einem gemeinsamen Leben im Senegal. Die anfänglich mäßige finanzielle Unterstützung wird bei einem längeren oder dauerhaften Aufenthalt im Lande auf ein größeres Projekt hinauslaufen; das kann der Kauf eines Taxis, die Eröffnung eines Ladens oder Restaurants, vor allem der Bau eines Hauses oder eines Campements sein. Gerade Haus und Campement sind sehr beliebte Projektvorschläge, da sie nicht mitnehmbare Investitionen darstellen, die im Falle einer Trennung (und dieser Fall ist nicht unwahrscheinlich) meist an den schwarzen Partner fallen – wenn nicht schon zuvor die urkundlichen Eintragungen beim Kauf einseitige Fakten geschaffen haben. Im eigenen kulturellen Umfeld kennt er sich im Unterschied zur weißen Partnerin besser aus, was bei allen Problemen, besonders denen, die vor administrativen Instanzen geführt werden, wichtig wird.

Die beiden weiteren Kombinationen schwarzer Mann/weiße Frau in Deutschland bzw. weißer Mann/schwarze Frau im Senegal sind schwerer einzuschätzen. Erstere zeigt viele unterschiedliche Facetten, abhängig von Bildungsstand, Sprachkenntnissen, Arbeitsmöglichkeiten, Assimilationsfähigkeit des schwarzen Partners, den Kindern in der Beziehung etc. Es ist in der Regel für den senegalesischen Mann schwer, mit seiner überkommenen Männerrolle im europäischen Kulturkontext und unter den speziellen Bedingungen seines Aufenthaltes zurechtzukommen. Gegebenenfalls vom Geld der weißen Frau, d.h. von ihr, abhängig zu sein, kann mit dem Rollen- und Selbstverständnis kollidieren und zu kulturell bedingten Identitätsproblemen führen, die die Beziehung belasten. Den weißen Mann mit seiner schwarzen Partnerin in einer Ehe bzw. Dauerbeziehung im Senegal habe ich eher selten angetroffen. Bei einigen länger schon geschäftlich im Senegal engagierten Weißen mit einer gewissen Assimilationsfähigkeit scheinen die Beziehungen zu funktionieren. Es dürfte vor allem in Hinblick auf die gemeinsamen Kinder eine schwierige Entscheidung sein, in welcher Kultur sie aufwachsen und welche Bildungschancen sie bekommen sollen.

(1) Charlotte Wiedemann, Mali oder das Ringen um Würde. Pantheon Verlag München 2014, S.132
(2) In Kenia hat das Parlament mit den Stimmen der männlichen Abgeordneten im Frühjahr 2014 ein Gesetz verabschiedet, das die Polygamie, genauer Polygynie, ohne Zustimmungsrecht der Frau installiert. "Mit den Instrumenten des modernen Rechtsstaats haben sie eine Rechtslage geschaffen, die noch patriarchaler daherkommt als die alte Ordnung. 'Wenn man eine afrikanische Frau heiratet, muss sie wissen, dass eine zweite und dritte folgen wird', sagte ein Abgeordneter dem Radiosender Capital FM. 'Das ist Afrika.'" Isabel Pfaff in: Süddeutsche Zeitung, 22.4.2014,
http://www.sueddeutsche.de/politik/polygamie-in-kenia-sie-muessen-noch-nicht-einmal-fragen-1.1919516

(3) vgl. R. Lienemann, Eine traditionelle Hochzeit.
in: Weisheit im Buschtaxi, S.93

(4) M. Kubek, Macoumbé. Afrikanische Nächte. Blanvalet, 250 S., 2004
E. Herrlein, Sunugal. Unser Boot. Spielberg Verlag, 184S., 2006, Paperback; vgl. auch das Interview mit der Autorin:
http://www.oberpfalznetz.de/onetz/867144- 118-P3,1,0.html

Beschneidung

Obwohl die weibliche Beschneidung seit 1999 im Senegal verboten ist, wird sie weiter praktiziert. Genaue Angaben über die aktuelle Situation zur weiblichen Geschlechtsverstümmelung (FGM) zu finden, ist sehr schwer. Die von Ethnie zu Ethnie unterschiedliche Tradition der Beschneidung – manche Ethnien praktizieren sie gar nicht – wird von Frauen weitergetragen. Wie viele kulturelle Traditionen in Afrika ist die weibliche Beschneidung eine Geschlechtsgruppen-Tradition, die von Frauen an Frauen mit Hilfe von Frauen durchgeführt wird. Männer sind explizit ausgeschlossen und auch über die Praktiken und Rituale eher wenig informiert (gewesen). Dies hat sich erst mit dem Kampf gegen die FGM seit den 90-er Jahren geändert. Auch die Angaben vieler westlicher Organisationen, die sich im Kampf gegen die FGM engagieren, sind nicht zuverlässig, da sie sich oft mit vordergründigen Erfolgsbehauptungen örtlicher Partnerorganisationen zufriedengeben.

Das Entsetzen und die Betroffenheit in der westlichen Welt über diese Gewalt gegen Frauen führte in den 90-er Jahren zu ersten organisierten Aufklärungsaktionen und anderen Aktivitäten gegen die weibliche Beschneidung in Afrika. Finanziert und organisiert von westlichen Frauengruppen, führte der Kampf in der Zusammenarbeit mit den afrikanischen Frauen in einigen Staaten (u.a. Togo, Burkina Faso, Senegal, Ghana, Guinea-Conakry, Uganda[1]) zu einem gesetzlichen Verbot dieser Praktiken[2].

Im Senegal wurde 1999 die Beschneidung von Mädchen verboten und unter Strafe gestellt. Unbestritten ein großer Erfolg, und die verschiedenen im Senegal und in Westafrika gegen die Mädchen-Beschneidung aktiven Organisationen können immer wieder Erfolge ihrer Arbeit mitteilen:

"Wenn, so die Idee, sich ein ganzes Dorf samt aller Nachbardörfer dazu entschließt, in Zukunft auf FGC zu verzichten und dies in einer öffentlichen Zeremonie unter Anwesenheit von Verwandten, religiösen Führern, ehemaligen Beschneiderinnen und Journalisten geschieht, dann ist praktisch vom einen auf den anderen Tag keine Beschneidung mehr notwendig, um als Frau „verheiratbar" zu sein."
(...) *"Tostan war damit in den letzten sieben Jahren unglaublich erfolgreich. Ohne mit dem Ziel angetreten zu sein, dem Female Genital Cutting ein Ende zu bereiten, haben seit 1998 rund 1500 Dörfer diese Praxis abgeschafft."*
http://senegaladventure.blogspot.de/2005/09/kurze-bemerkung-zum-thema-female.html

"Je nachdem, ob die ansässigen Ethnien ihre Mädchen traditionell beschneiden lassen oder nicht, beträgt die Beschneidungsrate in Senegal zwischen 2 % und bis zu 94 % - wie in der Region Kolda, in Süd-Senegal. Dort werden seit 2002 (I)NTACT-Projekte durchgeführt und nicht wenige Gemeinden feierten mit einem offiziellen Fest bereits das Ende der weiblichen Genitalverstümmelung."
http://www.intact-ev.de/rueckblick/Jahresr%C3%BCckblick_2008.pdf

*"Die abschließende Befragung der Teilnehmer ergab eine einheitliche Ablehnung der Beschneidung. Außerdem wurde auch einstimmig der Wunsch geäußert, von staatlicher Seite Sanktionen gegen die Beschneidung zu erlassen. Vier Jahre später wurden die ersten fünf Dörfer noch einmal besucht. Es wurde bestätigt, dass seit 2007 **keine** Beschneidung stattgefunden hat. Die Aktion wird mit Erfolg fortgesetzt."*
http://www.partnerschaft-sahelzone.de/arbeitsbereiche_beschneidung.shtml

"Als erster Staat hat Benin am 9. April 2005 das offizielle Ende der Beschneidung gefeiert. In einem Festakt gaben die Beschneiderinnen ihre Werkzeuge ab; die Stammesoberhäupter erklärten die grausamen Praxis für beendet - zumindest offiziell. Damit der Durchbruch gelang, zogen die Mitarbeiter von Hilfswerken jahrelang durch die Dörfer, leisteten Aufklärungs- und Überzeugungsarbeit."
http://www1.wdr.de/themen/archiv/stichtag/stichtag4542.html

118

Ähnlich wird in vielen Internet- und Print-Berichten über die Erfolge des Engagements gegen die Beschneidung berichtet. Doch diese Erfolgsmeldungen sind nur vordergründig zutreffend und täuschen über die weiter bestehende Tradition hinweg. Darüber wird eher in den betroffenen Ländern als in den Heimatländern der Hilfsorganisationen informiert, in denen die Mädchenbeschneidung zunehmend als eigenes Problem erkannt wird: "Immer mehr Frauen in Deutschland beschnitten" titelt der Tagesspiegel einen entsprechenden Artikel am 10.10.2019 *(https://www.tagesspiegel.de/berlin/studie-zur-genitalverstuemmelung-immer-mehr-frauen-in-deutschland-beschnitten/25103576.html*

Im Senegal wurde zehn Jahre nach dem "Schwur von Malicounda"[3] zugegeben, dass selbst in diesem Dorf immer noch beschnitten wird.

"A Malicounda, 10 ans après la déclaration d'abandon : On excise toujours les filles, mais dès leur naissance
A Malicounda Bamba où a été lue, pour la première fois, la déclaration d'abandon d'excision, on continue d'exciser les filles. On n'attend plus qu'elles aient 10 ans ou plus pour le faire, c'est dès la naissance, avant même leur baptême."
http://www.sengenre-ucad.org/test3/index.php?option=com_content&view=article&id=116&Itemid=75

"Malgré l'adoption de la loi la pratique de l'excision demeure répandue dans certaines régions"
http://tak2.00221.info/node/1851#comment-4784

Das enorme Betroffenheitspotential verstellte anfangs vielen westlichen Streiterinnen den Blick für ein genaues Verständnis der kulturellen Verwurzelung der Beschneidungspraxis und der mit ihr einhergehenden sozialen Bedeutung für die Betroffenen.

Auch die eigene Rolle als weiße Kritikerinnen, die aus einer anderen Kultur kommen und ihre Werte und Urteile in die ihnen oft fremde afrikanische Kultur bringen, blieb anfangs unreflektiert und stellte ein wesentliches Hindernis in der Kommunikation dar [4].

Erst allmählich setzte sich bei den westlichen Akteurinnen ein Verständnis dafür durch, dass die weibliche Beschneidung auch als soziales Ritual innerhalb der afrikanischen Gesellschaft zu sehen und anzuerkennen ist, welches z.B. als Initiationsritual den betroffenen Frauen den Zugang zur Frauengesellschaft und zum sozialen Leben in ihrer Frauengruppe öffnet. Wer nicht an diesem Ritual teilgenommen hat, gilt nicht als vollwertige Frau, verliert an Ansehen in der weiblichen Altersgruppe, hat schlechtere Aussichten auf einen Ehepartner etc.[5]

Daher gehen seit einiger Zeit in diesem Bereich arbeitende NROs dazu über, alternative Rituale in den Kampf gegen die FGM einzubeziehen. So werden für nicht beschnittene Mädchen z.B. Feste und Geschenke organisiert, die den Übergang in die Lebensphase als Frau für die einzelne und die soziale Gruppe symbolisieren und deutlich erfahrbar machen.

Auch die von westlichen Streiterinnen eingeführte Bezeichnung "Geschlechtsverstümmelung" hat sich als kontraproduktiv erwiesen: Keine der Beschneiderinnen sieht sich als "Verstümmlerin" oder als kriminell an. Die verbale Stigmatisierung bzw. Kriminalisierung der Beschneidungspraxis und der Beschneiderinnen führte eher zu einem Rückzug der notwendigen Ansprechpartnerinnen, die ihre Rolle und ihre Anliegen in den Bezeichnungen nicht wiederfinden konnten.

Was als eurozentristischer Blick bezeichnet wird, spielt beim Problem der Einschätzung der Beschneidungssituation in Afrika ebenfalls eine Rolle, wenn z.B. westliche Diskurstraditionen unbesehen als gültig für die afrikanischen Kulturen angesehen werden. Die Annahme, der Besuch einiger Aufklärungsseminare, die Verteilung von Bild- und Textmaterial zum Thema, die Gespräche mit Beschneiderinnen führten zu einsichtsbasierten individuellen Entscheidungen und zu dem in der öffentlichen Dorfversammlung manifestierten Ergebnis der einstimmigen Ablehnung der Beschneidungspraxis, verkennt die afrikanischen Sozial- und Kommunikationsstrukturen. Wie auch bei anderen Themen trifft der Weiße mit seinen Projektvorschlägen, seinem Material und Geld nie auf direkte Ablehnung. Im Gegenteil, man hört ihm höflich zu, bestätigt die Sinnhaftigkeit seines Vorhabens und lobt sein Engagement. Das gebietet schon die Höflichkeit. Unter Senegalesen gelten ähnliche Regeln: man widerspricht den Älteren nicht offen; Männer sprechen in der Öffentlichkeit zuerst, dann die Frauen; und auch diese widersprechen nicht offen den Männern.[6] Das Harmoniebedürfnis der Senegalesen ist enorm hoch; Konflikte jeglicher Art werden möglichst vermieden, auf keinen Fall offen oder gar öffentlich ausgetragen. Schon das vorsichtige Ansprechen von Konflikten kann dazu führen, dass sich der Gesprächspartner zurückzieht, das Thema wechselt oder die Problematik verharmlost. Besonders schwierig ist daher die öffentliche Kommunikation über traditionelle Tabuthemen wie die Praxis der Beschneidung.

Wenn es nach einer intensiven Aufklärungsarbeit zu einer dörfliche Übereinstimmung kommt – "Wir beschneiden unsere Mädchen nicht mehr"[7] –, dann ist dieser Konsens auch getragen von dem guten Willen, der Höflichkeit und dem Konfliktvermeidungsbedürfnis der Dorfbewohner, vielleicht auch von der berechnenden Erwartung andauernder Zuwendungen für die einheimischen Akteure der Kampagne und weitere Beteiligte. Dass die finanzierenden Organisationen gerne die Erfolgsmeldungen aufnehmen und an Spender, Mitglieder und Öffentlichkeit weitergeben, liegt auf der Hand. Eine unabhängige Überprüfung der behaupteten Erfolge vor Ort dürfte schwer fallen.

Die im Senegal bislang kaum angewandten und teils kritisierten staatlichen Sanktionen gegen Beschneiderinnen bzw. Mütter, die ihre Töchter beschneiden lassen, führen im innersenegalesischen Beschneidungsdiskurs zu neuen Argumentationsstrategien der Frauen. Als hohe religiöse Vertreter sich nach einer Verurteilung einer Mutter im Osten Senegals gegen die Sanktionierung aussprachen, trennten Sprecherinnen der Frauengruppen klar zwischen Religion und Tradition und argumentierten im Interesse des Islam für das Ende der Beschneidungspraxis. „Die Praxis der Beschneidung ist nirgendwo in der Religion festgelegt. Alles, was der Gesundheit schaden kann, ist durch die Religion verboten und ausgeschlossen." In dem mit "Feministinnen rufen auf zu einer Rückkehr zur Religion" untertitelten Artikel im *Quotidien* vom 26.1.2010 sehen die Sprecherinnen die bekämpften Traditionen interessanterweise als "kulturelle Barrieren" und "Bremsen für die Religion" an.

Abschließend eine treffende Situationseinschätzung aus dem lesenswerten Bericht "Das Heldentum der Wüstenblumen" von Michael Birnbaum: "Und doch beginnt auch bei scheinbar so fest verankerten Ritualen die Welt der Traditionen in Afrika sich aus sich selbst heraus zu wandeln, ganz langsam zwar erst, viel zu langsam für uns, aber dafür ohne viel Zutun unsererseits und deshalb wohl eher auf Dauer."[8]

(1) November 2014: In Uganda werden zum ersten Mal seit dem Verbot der Beschneidung 2010 Gefängnisstrafen gegen fünf Beschneiderinnen verhängt. http://www.taz.de/!149973/

(2) Was unter anderem zur Folge hatte, dass die Fortführung der Beschneidungstradition immer öfter im frühen bis frühesten Alter, unter medizinischer Aufsicht in Krankenhäusern oder Ambulanzen und mittlerweile zunehmend auch in Europa vorgenommen wird: "Die Beratungsstelle „Stop Mutilation" in Düsseldorf registriert seit Jahren immer mehr Anfragen von verängstigten Frauen." http://www.derwesten.de/nachrichten/5600-frauen-in-nrw-sind-genital-verstuemmelt id4143138.html#plx22211671 vgl. zum Thema den tatort-Krimi "Tod einer Lehrerin" (D/A/CH, 2011)

(3) "Schwur von Malicouda" Am 31. Juli 1997 schwor das Dorf vor einer Gruppe von Journalisten und NRO-Vertretern, Beschneidung, Kinder- und Zwangsheirat aufzugeben; eine 25-minütige Film-Reportage in Französisch hierzu auf http://www.vodeo.tv/documentaire/le-serment-de-malicounda

(4) Fatou Keita stellt in ihrem Buch "Die stolze Rebellin" einen treffenden Dialog vor zwischen der schwarzen Protagonistin und ihrem französischen Partner:

"Man hatte Fanta verhaftet, ebenso ihren Ehemann. Die kleine Noura war unter heftigen Qualen verblutet. Sie hatte sich so heftig gegen den Eingriff gewehrt, dass eine gefährliche Wunde entstanden war. Die alte Frau aus ihrem Heimatland, die den Eingriff vorgenommen hatte, erklärte bei der Polizei, schuld seien allein die Eltern. Sie hätten das Mädchen viel früher beschneiden lassen sollen, bevor es sich so dagegen auflehnen konnte. Auch diese Frau wurde verhaftet.

Die Nachricht traf Malimouna schwer und stürzte sie in tiefe Traurigkeit. War das eine Lösung, diese Menschen ins Gefängnis zu stecken? War Fanta nicht schon genug bestraft? Auf solche Weise ihre älteste Tochter zu verlieren, die sie so liebte! Würden die kleinen Geschwister verstehen, warum man sie zu Waisen machte? Würden sie das Trauma jemals verarbeiten? Und die Eltern, begriffen sie überhaupt, weshalb man sie anklagte?

Phillipe fand Malinouna äußerst mißmutig. Sie hatten ihren ersten großen Streit. Philippe war mit der Entscheidung des Gerichtes einverstanden.

"Wie kann man nur so etwas Barbarisches tun?"! hatte er sich entrüstet.

"Was weißt du denn davon!" schrie sie wütend. "Wenn man draußen steht, ist es leicht zu verurteilen."

"Eine Verstümmelung ist eine Verstümmelung und ein barbarischer Akt, daran gibt es doch nichts zu deuteln."

Malimouna war empört darüber, ihn so reden zu hören. Warum verstand er nicht, daß es eben nicht so einfach war? Daß diese Menschen überhaupt nicht barbarisch oder grausam waren? Daß sie ihre Tochter liebten und nur ihr Bestes wollten? Daß sie ein Martyrium durchlitten, weil sie den Tod ihres Kindes verursacht hatten, indem sie taten, was sie für gut hielten? Das hatte ja überhaupt nichts mit Barbarei zu tun, wie Zeitungen und Fernsehen glaubhaft machen wollten, indem sie Nouras Eltern als grausame Unmenschen darstellten, als Wilde, die nicht fähig waren, ihre Kinder zu lieben. Malimouna erinnerte sich, den Film einer schwarzen Amerikanerin und sehr bekannten Schriftstellerin über das Thema Beschneidung gesehen zu haben. In dem Dokumentarfilm fragte sich die Autorin, ob die Afrikaner, die ihre Kinder der Genitalverstümmlung ausliefern, sie

wirklich lieben. Malimouna war darüber außer sich gewesen. Eine solche
Überlegung war doch viel zu einseitig, lieferte ein verzerrendes Bild."
Fatou Keita, *Die stolze Rebellin, S. 93f., Ullstein Taschenbuch 25709, 2000*

(5)http://www.mama-afrika.org/de/genitalverstuemmelung/kultureller-
hintergrund
(6) Auf einer von einer deutschen Hilfsorganisation angesetzten Versammlung zur
Diskussion über ein Entsalzungsprojekt bei Kaolack verließen nach kurzer Zeit
die Männer den Platz. Später gaben sie empört an, es hätten dort ja die Frauen
zuerst und auch zu viel gesprochen...

(7) "Zumeist mündet die Aufklärung im Rahmen des Programms (von TOSTAN -
R.L.) in öffentliche Deklarationen gegen FGM, die als Ausdruck eines
beabsichtigten sozialen Wandels gewertet werden."
http://www.giz.de/fachexpertise/downloads/giz2011-de-fgm-senegal.pdf

(8) Michael Birnbaum, Die schwarze Sonne Afrikas, S.154

Überlegungen zur Politik

Die Präsidentschafts-Wahlen im April 2012 verliefen schließlich
doch ruhig und gewaltfrei, was bei den Ereignissen im Vorfeld
nicht unbedingt zu erwarten gewesen war. Der alte Präsident A.
Wade zeigte sich einsichtig und zog sich und seinen Kronprinzen-
Sohn zurück, die westliche Welt war sehr zufrieden und lobte das
westafrikanische Vorzeigeland in Sache Demokratie und
politischer Stabilität.

Es gibt im Senegal freie Wahlen, eine Verfassung, Parteien,
Gewerkschaften etc. Die wichtigsten Institutionen einer
demokratischen Gesellschaft sind vorhanden, deren Gerüst
gewissermaßen. Doch was ist mit dem Inneren des Gebäudes?
Was heißt Demokratie in einem Land, in dem nur etwa 50% der
Menschen lesen und schreiben können? In dem es außer in der
Hauptstadt und zwei, drei großen Städten keine Zeitungen gibt?
In dem die Einflussnahme der Regierenden auf Radio und

Fernsehen an der Tagesordnung ist? In dem die Autorität der Alten in Familie, Dorf und Clan immer noch ausschlaggebend ist? In dem ein überkommenes paternalistisches System von Geben und Nehmen Abhängigkeiten schafft und die sozialen Beziehungen bestimmt? In dem Religion und Politik intensiv und unüberschaubar miteinander verquickt sind? In dem eine freie Meinungsbildung und -äußerung nur ansatzweise vorhanden ist und in ihrer Entwicklung kaum gefördert wird?

Der vom Kandidaten beim Dorffest gespendete Ochse, drei Säcke Reis und zwei Dutzend Fantaflaschen wiegen bei der "freien Meinungsbildung" mehr als das in wenigen Exemplaren veröffentliche Parteiprogramm. Das Motorrad für den Dorfältesten sichert dem Kandidaten mehr Stimmen als der Besuch einer Dorfversammlung. Das Treffen mit dem obersten Marabout der Islam-Bruderschaft ist für den politischen Erfolg wirkungsvoller als das Treffen zu einer öffentlichen Podiumsdiskussion.

Im Rahmen der Lokalwahlen im Sommer 2014 berichtet AfricaInfo Nr. 7, S.3 vom 5. Juli 2014 unter dem Titel "Politik - ein Mafia-Geschäft im Senegal" über Praktiken der Wählerbeeinflussung, über den Kauf von Wählerstimmen als wichtigstes politisches Machtmittel.

"In dieser Dynamik haben die Kandidaten der regierenden Parteien und andere reiche Persönlichkeiten Unsummen eingesetzt. Zusätzlich spenden sie alles Mögliche: Zementsäcke, Einrichtungen für Klassenzimmer, Säcke voller Reis oder Zucker etc. Die Praktiken sind so verbreitet, dass alle sie als normal ansehen. Die Frauen der zahlreichen Frauenvereine werden von den Kandidaten durch die Vergabe lang laufender Kredite mit geringen oder gar ohne Zinsen quasi als Geiseln genommen. (...) Es werden heimlich Stimmkäufe vorgenommen: 10.000 CFA gegen die Stimme für den Kandidaten. Einzige Bedingung ist es, auf den Koran zu schwören. Andere lassen sich vor der Geldübergabe den Personalausweis zeigen." (Übersetzung R.L.)

Auch in den westlichen Stellungnahmen zum Zustand der Demokratien Afrikas finden sich Skeptiker wie z.b. Paul Collier, der der Ansicht ist, Wahlen in Afrika hätten vielerorts politische Gewalt noch vermehrt und die subsaharischen Staaten in einen Zustand gebracht, "wo sie weder die Fähigkeit von Autokratien besitzen, entschlossen zu handeln, noch das verantwortungsvolle Regierungshandeln einer wahren Demokratie genießen." [2]

In Westafrika heißt politische Karriere zu machen immer auch, einen Weg zu den Geldtöpfen zu finden. Da die Verweildauer eines Politikers im Amt – im Senegal oder in einem anderen Land der Region – oft kurz und von diesem selbst nur schwer einzuschätzen ist, gilt es, sich recht bald und möglichst unauffällig der Zugriffsmöglichkeiten zu bedienen. Wie viele Milliarden CFA soll die Familie Wade während der Amtszeit bei Seite – das heißt ins Ausland – geschafft haben? Es war eine astronomische Summe für ein Land, in dem ein großer Teil der Bevölkerung von gerade mal 3 Dollar pro Tag leben muss.

Zuerst die Familie – dieses Motto gilt nicht nur für Wade, der seinen Sohn mit mehreren Ministerposten betraute und gar eine Dynastie mit ihm als seinem Nachfolger aufbauen wollte. Großfamilie und Unterstützerkreis erwarten viel vom Kandidaten, die führenden Köpfe des Koalitionspartners müssen bedacht werden, der eigene Herkunftsort erwartet Investitionen – alles überwiegend versickernde Gelder.

Zwei Jahre nach den Wahlen im Senegal treffe ich niemanden, der mit der Politik des neuen Präsidenten Macky Sall zufrieden ist. Die eine ist unzufrieden, weil der neue Präsident zwei ihrer Brüder entlassen hat, die irgendwelche kleinen Posten hatten; nun können sie die Familie nicht mehr mitversorgen. Der andere ist unzufrieden, weil der neue Präsident "nichts tut für die Leute".

Ein weiterer verübelt ihm die geduldete Präsenz des französischen Militärs im Lande, andere geben ihm die Schuld an erhöhten Preisen, an sinkenden Touristenzahlen wegen der Visumeinführung etc. Selbst von Karim Wade, dem Sohn des Ex-Präsidenten, der Unsummen veruntreut hat, beginnt man positiv zu sprechen. Es ist den meisten Senegalesen verständlich, dass der Vater für den Sohn sorgte; gut, das Ausmaß ist etwas übertrieben gewesen, aber hätte das im Prinzip nicht jeder gemacht? Da das gesellschaftliche Leben auf allen Ebenen hochgradig nepotistisch funktioniert, ist es für die meisten Senegalesen weder verwunderlich noch anrüchig, wenn auch der Staatspräsident seine Familie und Entourage bevorzugt behandelt. Ja, es wäre erstaunlicher, wenn gerade er eine Ausnahme wäre; das würde ihn eher verdächtig machen: Warum sorgt er nicht für seine Familie, seine Leute, sein Dorf ...?

Dass die 2012 gewählte neue Regierung unter Macky Sall eine intensive Verfolgung von Karim Wade und seinen verschwundenen Milliarden betreibt, interessiert die meisten Menschen schon lange nicht mehr. In einigen Zeitungen wird Karim Wade inzwischen (Anfang 2014) mehr als Opfer denn als Täter dargestellt.

Die öffentliche Empörung in europäischen Ländern, wenn herauskommt, dass ein Politiker einen privaten Flug über sein Amt finanzieren ließ, ein Urlaubsdomizil des Unternehmer-Freundes kostenfrei genutzt hat oder eine Hotelrechnung aus Sponsorentasche beglichen wurde, ist im Senegal völlig unverständlich.

Demokratie? Ein hoher Wert für die westliche Welt. Wenn die sozialen und gesellschaftlichen Bedingungen dafür kaum gegeben sind, bleibt das Konzept weitgehend Fassade, ein schöner Schein, der nach außen wichtig ist, damit das Geld der demokratischen westlichen Welt weiter ins Land kommt und Straßen gebaut werden können, die der Minister wie seine eigene Leistung feierlich eröffnen kann. Dass die beauftragten Baufirmen seinem Schwiegersohn, seinem Schulfreund aus der Heimatstadt und dem Bruder eines hochrangigen Marabouts gehören, spielt dabei keine Rolle, oder? –

Der Volksmund im Senegal nennt die neu gestaltete große Bierflasche der Marke Gazelle "Macky Sall" – ein flotter Aufkleber, ein anderes Aussehen, aber der gleiche Inhalt.

(1) http://tak2.00221.info/s%C3%A9n%C3%A9gal-une-d%C3%A9mocratie-den%C3%A8gres-magico-f%C3%A9tichistes
(2) Der Optimist und die Gewalt, ZEIT, 27. August 2009

Wahlperiode 2019

10 Tage vor dem Wahltag am 24.2.: In Ziguinchor sind alle Hotels belegt mit den Beteiligten der Wahlkarawane von Macky Sall. Hilfsbereit versucht Doudou vom Campement Aubay für Walter und mich in der Nähe ein Privatquartier zu organisieren, auch das klappt nicht. Ich telefoniere erfolglos herum; wir versuchen aus Zig herauszufahren nach Bignona, was sich als unmöglich erweist, da direkt vor der Brücke die große Kundgebung vorbereitet wird und kein Durchkommen ist. Ich erinnere mich an die einfachen Zimmer im etwas abseits gelegenen Erobon, und tatsächlich, dort sind noch zwei kleine Zimmer frei. Ganz Zig steht im Zeichen der Wahlkampagne, viele Straßen sind gesperrt, viel Polizei ist unterwegs und immer wieder sind Konvois mit den Anhängern des Präsidenten zu sehen, die laut rufend durch die Straßen fahren.

Wahlkampf funktioniert hier mit viel Lärm. Wahlkampf in der Provinz heißt: Plötzlich tauchen Motorräder auf, die Fahrer in T-Shirts mit dem Konterfei des Kandidaten. Dahinter Kleinbusse, Jeeps, einfache Fahrzeuge, vollbesetzt mit lärmenden, den Namen des Kandidaten rufenden meist jungen Leuten, oft begleitet von einem Lautsprecherwagen, aus dem auch mal die angesagten Hits dröhnen. Einmal die Hauptstraße rauf und runter, vielleicht durch ein, zwei belebte Stadtteile, dann ist der Spuk vorbei. Natürlich sind die Kandidaten auch im Fernsehen zu hören, zu sehen, spektakulärer aber sind diese lautstarken Auftritte, die oft dem Besuch des Kandidaten vorausgehen.

Pierre hat seinen kleinen Stand (Wackeltischchen und Postkartenständer) bei der Hauptpost in Ziguinchor. Der Postkartenständer zeigt seit Jahren eine kleine Auswahl total verblauter, verknickter Karten, die niemand mehr haben möchte. Irgendwie scheint es mit dem Nachschub schon länger nicht zu funktionieren. Einige neue Karten liegen verpackt auf dem Tisch, vor der Sonnenstrahlung geschützt. Mehr als auf den Verdienst an den Karten setzt Pierre auf die 10 %, die er am Verkauf der Briefmarken verdient. Da hat er eine Art Monopol, denn nur hier bei der Post gibt es die notwendigen Marken für die touristischen Urlaubsgrüße. Einige der fast farblosen Karten habe ich beim letzten Besuch gekauft und verschickt, weil ich dachte, sie machen zuhause den Eindruck, sehr sehr lange unterwegs gewesen zu sein. Dieses Mal mache ich Pierre eine Freude, als ich ihm einige Dutzend selbst angefertigter Postkarten mit typischen Motiven als Geschenk überreiche. Davon kaufe ich dann gleich einige und Marken dazu und habe das übliche Kontingent Karten für Urlaubsgrüße zusammen. Pierre muss verschiedene Markenwerte zusammenstückeln, bis die 500 CFA-Frankierung erreicht ist. Da bleibt nicht viel Platz für die Grußzeilen, aber die Empfänger werden sich über die bunten Marken freuen. Das Wechselgeld holt er schnell aus der Post, ich bewache in der Zeit den Stand und frage mich, wie er überhaupt über die Runden kommt. Aber das frage ich mich ja bei jedem zweiten Kontakt mit den Einheimischen hier im Land.

Am nächsten Tag ist großes Gedrängel bei der Post. Ich frage Pierre, was hier los ist und erfahre, dass die von Macky Sall organisierte Sozialhilfe ausgezahlt wird. 25.000 CFA können sich die Bedürftigen alle drei Monate bei den Postämtern in größeren Orten abholen. Im Hof vor der Post in Zig haben sich an die hundert meist ältere Frauen versammelt, viele gebrechlich und auf Hilfe angewiesen. Es ist nicht sicher, ob sie heute noch ihr Geld erhalten, dann aber morgen, mit Sicherheit aber übermorgen oder am Tag darauf. Pierre erläutert mir das Prozedere. Erst sind die wirklich behinderten und kranken Frauen dran, die mit ihren Begleitpersonen mühsam die wenigen Stufen zum Haupteingang bewältigen. Sie müssen einen Bedürftigkeitsnachweis vorzeigen. Der wird von einem der Dorfältesten oder einem politischen Funktionär im Heimatort ausgestellt; der wisse am besten, wer wirklich diese finanzielle Unterstützung brauche. Gelegentlich soll eine Überprüfung durch die Caritas stattfinden, meint Pierre. Früher sei das besser gewesen, da hätten die Bedürftigen in der soudure, der Zeit zwischen dem Ende der Vorräte und der neuen Ernte – also im August/ September – Reis und Öl, Zucker und Mehl bekommen. Ob sie nun alle drei Monate mit dem Geld tatsächlich Lebensmittel kaufen oder ob sie das Geld weitergeben oder weitergeben müssen, sei unklar. Außerdem sei eine politische Intention damit verbunden, sagt der erstaunlich gut informierte Kartenverkäufer. Die Nutznießer müssen sich in die

Wählerlisten einschreiben und eine Wählerkarte haben; sie werden angehalten, an politischen Versammlungen teilzunehmen und zur Wahl zu gehen.

Im Hof vor der Post in Zig ist ein buntes Gewimmel entstanden, durch das kaum noch ein Durchkommen ist. "Also müssen viele dieser Frauen den ganzen Tag hier warten und morgen wiederkommen und vielleicht wieder den ganzen Tag warten?" So sei das oft, meint Pierre.

Obwohl Pierre nicht aus der Casamance, sondern aus Dakar kommt, wird er nicht Macky Sall, sondern Ousmane Sonko wählen. Er erklärt mir, wie Macky Sall die Sozialhilfeeinrichtung auch für seine Interessen benutzt. "Am Wahltag werden viele der Hilfeempfänger mit Fahrzeugen der Anhänger des Präsidenten abgeholt und zu den Wahllokalen gefahren; dann wird ihnen noch gesagt, dass die anderen Kandidaten nicht so großzügig sein werden wie Macky Sall und diese Unterstützung streichen werden. Wem werden sie wohl ihre Stimmen geben?"

Heute ist das kleine Restaurant hinter der Post gut besucht. Es ist primär für Postler gedacht, die 500 CFA für das Tagesgericht zahlen; für 1000 CFA können auch andere Gäste eine ordentliche Portion des Tagesgerichtes bekommen. Einige der Wartenden essen von Papptellern ihre Mahlzeit. Wie oft im Senegal, warten die Menschen ohne zu klagen, ungeduldig oder aggressiv zu werden. –

Am Wahltag (24.2.) bin ich im Sine-Saloum-Delta, im Serer-Gebiet. Nahe dem Wahllokal in einer Schule hat ein Restaurant heute schon mittags Hochbetrieb. Es wird allerdings weniger gegessen als getrunken. Man trifft sich nach der Wahl (oder vorher), die Männer diskutieren laut und trinken viel. Es sind überwiegend Christen, die hier in Djilor wohnen, daher der gute

Umsatz von Alkoholika. Mein einheimischer Begleiter erläutert mir, wie es mit dem Wählen hier funktioniert.

"Du bekommst verschiedene Wahlscheine, für jeden Kandidaten einen. Die Scheine haben unterschiedliche Farben. Also wählst du deinen Kandidaten und gibst z.B. den braun-gelben Schein für Macky Sall in den Wahlkasten. Die anderen Scheine nimmst du mit. Damit gehst du zu der APR-Gruppe[1], die in einem Privathaus oder, wie hier, im Hinterzimmer sitzt. Alle wissen das. Wenn du die übrigen Scheine abgibst, bekommst du 10.000 CFA. Denn du hast den amtierenden Präsidenten gewählt und wirst dafür belohnt." Für 10.000 CFA, also 15 Euro, kann man im Senegal 100 Brote kaufen. Das kann für eine Familie ohne nennenswertes Einkommen durchaus eine wichtige Unterstützung sein und die Stimmabgabe beeinflussen.

Die Wahl verlief nach Ansicht der Leiterin der EU-Wahlbeobachtermission „ruhig und transparent"[2]. Macky Sall wurde mit 58% der Stimmen wiedergewählt, der Newstarter Ousmane Sonko bekam 15% und erreichte damit den dritten Platz. Viele Stimmen erhielt er aus der Diaspora, der Casamance, von jungen, kritischen Menschen und von Intellektuellen.

(1) Alliance pour la République, Partei von Macky Sall
(2) Senegals Präsident Sall in erster Wahlrunde im Amt bestätigt. In: Salzburger Nachrichten. 28. Februar 2019

Mikrokredit

Spätestens seit Muhammad Yunus 2006 den Nobelpreis für seine Grameen-Bank bekommen hat, sind Mikrokredite als Mittel der Entwicklungsförderung in armen Ländern weltweit bekannt geworden. Viele Banken, Institutionen, NROs in Entwicklungsländern haben diese lukrative Sparte in ihre Aktivitäten einbezogen und bieten denjenigen Kleinkredite an, die ohne klassische Sicherheiten ansonsten vom Finanzmarkt bzw. der Geldbeschaffung ausgeschlossen wären.

Einen Schub erhielt die "Mikrofinanz-Industrie"[1] 2005, als mit der Gründung der Internet-Plattform KIVA (www.kiva.org) eine weltweite Vernetzung von privaten Kreditgebern und privaten Kreditnachfragern möglich wurde. Nun konnte jedermann "per Mausklick zum Mikrokredit" gelangen; so der Titel eines Artikels von Spiegel-online: *"KIVA ist der MySpace der Entwicklungshilfe. Mit einem Mausklick kann jeder Nutzer Kleinunternehmern in Entwicklungsländern Geld leihen."*[2]

Über diese Möglichkeit, vom eigenen Rechner aus "Gutes zu tun", berichtete Reiner Luyken in der ZEIT Nr. 17/2011 im lesenswerten Artikel "Mein gutes Geld". Er besuchte "seine" Kreditnehmerin in Sierra Leone und schaute sich an, wofür sie den Kredit einsetzte[3].

Auch im Senegal gibt es seit längerem MikrokreditnehmerInnen, denen jeder über die KIVA-Seiten Geld leihen kann. Wie in jedem Land arbeitet KIVA auch hier mit inländischen Mikrokredit-Banken zusammen, die den Kontakt zu den Geldnehmern herstellen und das Programm betreuen. Darüber wollte ich gerne Näheres wissen, möglichst auch Kontakt zu den Kreditnehmern haben und begann zum einen 2011 über die KIVA-Seite senegalesische Kleinunternehmer mit Kleinkrediten zu unterstützen. Die Rückzahlungen kamen pünktlich, das Geld konnte ich bald weiterverleihen, vornehmlich an eine der zahlreichen Frauengruppierungen, die die KIVA-Seite auflistet. Leider war es bei meinem Kontakt mit der zuständigen Mikrokredit-Organisation im Senegal nicht möglich, die Kontaktdaten der Kreditempfänger zu bekommen. Auf der Internetseite wird bei der Beschreibung der Kreditanfrager nicht einmal die Stadt, teils nur grob die Region im Lande genannt.

Zum anderen interessierte mich der konkrete Ablauf im Lande. Daher erzählte ich einer befreundeten Friseurin mit Fachausbildung, Berufserfahrung und Erfahrung in der Ausbildung von Friseurinnen von der Mikrokreditvergabe. Ich wusste, dass sie seit längerem nach einer Möglichkeit suchte, in ihrem Dorf einen eigenen kleinen Salon zu eröffnen. Ouleye war begeistert von der Aussicht auf einen Kleinkredit und besorgte sich gleich telefonisch einige Informationen. Wenig später besuchten wir zusammen das Büro von UIMCEC *(Union des Institutions Mutualistes Communautaires d'Épargne et de Crédit)* in Ziguinchor, um uns über die Konditionen genauer zu informieren und ggf. Ouleye in das Kreditprogramm einzuschleusen.

Wie meist im Senegal, war eine Terminvereinbarung unnötig: Wir klopften an und Herr Diedhiou hatte Zeit für uns. Ich überließ Ouleye die Führung des Infogespräches; sie hatte sich eine Reihe von Fragen notiert, die sie nun abarbeitete. Als es um die Kosten des Kredites und die monatlichen Raten ging, wurde es kompliziert; ein Ausdruck, den Herr Diedhiou schnell anfertigte, erleichterte den Überblick über die rechnerische Seite der Angelegenheit.

Die Eröffnung eines Kontos mit Mindesteinzahlung, die Ansparung von 15% der Kreditsumme, eine Mindestwartezeit bis zur Kreditvergabe, das entsprach in etwa den Erwartungen, ebenso das vor der endgültigen Bewilligung noch zu führende Gespräch über die Kreditverwendung. Der Zinssatz bzw. die Gesamtkosten für den 2 Jahre laufenden Kredit lagen bei 23% der Kreditsumme, ein hübscher Betrag. Konkret wären in diesem Falle für die benötigte Kreditsumme von 600,- Euro mit Versicherung, Ausstellungs- und Verwaltungsgebühren insgesamt 740,- Euro zurückzuzahlen, Die monatliche Rückzahlungsrate von 30,- Euro würde, das war klar, den Finanzplan von Ouleye überfordern, die schon über einen geeigneten Raum im Ort in Verhandlung getreten war.

In einem abschließenden Gespräch hierzu fiel es der jungen Frau schwer, die Idee loszulassen, die ich ihr angetragen hatte. Ihr war klar, dass ohne Eigenkapital für die Ansparsumme und bei den laufenden Kosten für den anzumietenden Raum die Einnahmen nicht für die Rückzahlungsraten reichen würden.

Eine kurze Überlegung meinerseits, selber als Kreditgeber zu fungieren, verwarf ich schnell. Es fehlte mir nicht an Vertrauen in ihre Fähigkeiten und ihren Arbeitswillen. Es sind vielmehr nach meiner Erfahrung zum einen die für Europäer oft unwägbaren Umstände, die Projekte oft scheitern lassen, und zum anderen ist ein "Kredit" unter Freunden nichts anderes als eine freundschaftliche Geldübergabe, und die Verbindlichkeit der Rückzahlung, vor allem bei einem weißen Geldgeber, ist eher gering.

Diese unangenehme Erfahrung hatte ich schon gemacht und wollte mir und Ouleye den Ärger und die Belastung unserer Freundschaft ersparen. Also begruben wir schweren Herzens das Kreditprojekt bei einem Yassa poulet. Immerhin gelang es Ouleye am nächsten Tag endlich, ihr letztes Dokument für die Bewerbung als Lehrerin an einer Berufsschule für Friseurinnen zu bekommen.

Ihr Nachname war im Ausweis mit einem "s" mehr geschrieben als im Berufsdiplom. Die Änderung des Zertifikates kostete sie 2 Tage Wartezeit und 20 Euro "Gebühr", heruntergehandelt.

*(1) Gerhard **Klas**: Die Mikrofinanz-Industrie. Die große Illusion oder das Geschäft mit der Arbeit. Hamburg: Verlag Assoziation A 2011, 320 Seiten*
(2) http://www.spiegel.de/netzwelt/web/entwicklungshilfe-2-0-per-mausklick-zum-mikrokredit-a-475307.html
(3) http://www.zeit.de/2011/17/DOS-Mikrokredit-Sierra-Leone/komplettansicht
vgl. zum Thema auch den Film "Gambia - gut gemeintes Geld"
https://www.youtube.com/watch?v=dq9EFN3zYlI

Na nga def? Magni fi rekk! (1)

Wie geht es dir? Mir geht es gut! So lautet eine senegalesische Begrüßung, jene verbreitetste Begrüßungsformel in Wolof, der Verkehrssprache des Landes. Die wörtliche Übersetzung ist in etwa: Wie machst du? Ich bin (nur) hier!

Die Antwort auf die Frage nach dem "Wie geht's dir?" bezieht sich nicht auf einen individuellen Zustand, sondern gibt schlicht der Präsenz des Antwortenden Ausdruck.

Damit scheint sie zuerst als Antwort auf ein "Wie?" ungeeignet, welches die Präsenz voraussetzt und diese qualifiziert haben möchte. "Ich bin da" ist in diesem Sinne banal: jeder ist im Moment des so Angesprochenwerdens "da" im Sinne von "anwesend, zugegen".

Wenn wir das "Da Sein" allerdings etwas vertieft verstehen wollen, als Ausdruck tatsächlicher Präsenz im Moment, im Hier und Jetzt, bekommt die Antwort einen anderen Charakter und weist doch Qualitätsmerkmale auf. Gegenüber allen einzelnen Bestimmungen meiner Befindlichkeit ("Ich habe gut geschlafen", "ich habe Magenschmerzen", "ich freue mich auf ein Treffen" etc.) wird der Moment der Anwesenheit im Hier und Jetzt als entscheidendes Merkmal gesetzt. "Magni fi rekk". Ich bin mit meiner Aufmerksamkeit nicht an Ereignisse in der Vergangenheit oder der Zukunft gebunden, auch nicht an Körpersensationen. "Ich bin jetzt hier" – mit meiner Energie, meiner Kraft etc. Was das Ziel vieler meditativer Übungen ist, vor allem in buddhistischen Kreisen, klingt in diesem Alltagsgruß an: Die gelebte Gegenwart im Hier und Jetzt.

"Magni fi rekk" – Was heißt das für den afrikanischen Tanz?

"Ich bin hier!" Hier, auf diesem Stückchen Erde, das meine beiden Füße berühren, das mich trägt, das mir Kraft gibt. Und weil ich ganz hier bin, kann ich aus dem "Hier" heraus ins "Dort", kann schauen, zeigen, gehen, ohne aus meinem Zentrum herauszufallen: magni fi rekk.

Für den Europäer ist es nicht einfach, sich die teils ungewohnten Bewegungsabläufe des westafrikanischen Tanzes einzuprägen, Schrittfolgen zu wiederholen und abzurufen, Koordinationen von Arm- und Beinbewegungen bewusst zu steuern usw. Dieses mentale Herangehen an den afrikanischen Tanz verhindert oft das "Da sein", das Tanzen aus der Präsenz heraus.

Im unmittelbaren Vergleich des afrikanischen Tänzers mit dem avancierten europäischen Tanzschüler fällt, neben einer mangelnden Geschmeidigkeit, oft dies auf: Das Fehlen der vollen Präsenz. Die Bewegungsabläufe können sehr gut gelernt sein, doch der Eindruck jener mitreißenden Lebendigkeit, die aus dem vollen Dabeisein resultiert, will sich selten einstellen.

Wie kann der Tänzer zu dieser Präsenz gelangen? Teils über den Tanz selbst, in dem dies angelegt ist, teils über den Tanzlehrer, wenn er diese in seinem Tanz vermittelt. Teils auch über Übungen, die helfen, ein Gespür für dieses Hiersein zu bekommen.

Eine der wichtigsten Übungen hierzu ist es, den Blick mitzunehmen. Im Nebeneinander der afrikanischen und europäischen Tänzerin fällt dieser Unterschied schnell auf. Die Afrikanerin nimmt den Blick hinzu, ihre Bewegungen sind begleitet von der Energie des Schauens. Die Armbewegung nach links oben wird begleitet und unterstützt durch den Blick nach links oben.

Die Europäerin ist oft in diesem Sinne "abwesend": Der Blick ist ungerichtet, zeigt eine innere Anstrengung, ist nicht "dabei". Kleine Bewegungseinheiten mit Blickbegleitung sind methodische Mittel, sich der tänzerischen Präsenz anzunähern.

Auch eine entsprechende innere Vorbereitung, das Einnehmen einer Haltung, ist hilfreich – Wo bin ich jetzt? Was beschäftigt mich innerlich, äußerlich? Wie kann ich dies loslassen für die Zeit des Tanzes? –, also eine Art meditative Einstimmung auf die Tanzaktivitäten.

Ein weiteres Hilfsmittel ist die Verbindung mit der Erde. Der Europäer braucht eine Weile, bis er spürt, dass die Energie für den Tanz aus der Erde stammt und bis er mit dieser Energie umgehen kann. Die Ausdauer und Kraft afrikanischer Tänzer ist undenkbar ohne die enge Verbindung mit dem Boden. Einen guten Teil der Energie eines jeden kraftvoll stampfenden Schrittes gibt der Boden dem Tänzer zurück – wenn dieser mit dem Boden verbunden ist. Ansonsten kann es eine rasch ermüdende Anstrengung sein, sich auf das Stampfen und Springen, die schnellen Folgen von Bewegungen nach links und rechts, nach oben und unten einzulassen.

Was sich übrigens noch aus dem "Magni fi" ergibt: Wenn ich "da" bin, bist auch du mehr "da", ohne dass ich dafür etwas Weiteres tun muss, ohne Anstrengung – eine sehr schöne Erfahrung.

Na nga def? Magni fi rekk! (2)

Wie geht es dir? Mir geht es gut! Die französische Version davon lautet: "Ça va?" – "On est là". Häufiger hört man die typisch französische Kurzform: "Ça va?" – "Ça va!"

Antworten auf das "Ça va?" erfolgen fast nie in individualisierter Form, auch ganz selten hört man als Antwort, dass es "nicht geht". Wenn es jemandem im Senegal nicht gut geht, formuliert er dies als "ça va un peu", "pas trop" oder auch "on est là".

Man ist da – das Minimum, das man von der eigenen Existenz sagen kann: man ist da – wie auch immer. Es schwingt darin ein "man ist noch da" mit, als sei das Dasein nicht selbstverständlich, als könne sich dies schnell ändern. Ich habe einige Zeit gebraucht, um zu verstehen, dass dies tatsächlich der Fall sein kann; viel schneller als in der gewohnten europäischen Umgebung können Menschen im Senegal nicht mehr da sein, ernsthaft krank oder tot sein.

"Ça va sénégalaisement" kann auch eine Antwort sein und alles Mögliche bedeuten, vor allem, dass man sich wie gewohnt irgendwie durchschlägt ("on se débrouille"), von einem Tag auf den nächsten lebt mit einem Minimum an Vorsorge und Sicherheit.

Selbst in für meinen westlichen Blick recht aussichtslosen Situationen einzelner Menschen gilt noch das "ça va", und viele Male habe ich in Gesprächen über belastende Lebensumstände ein abschließendes "Dieu est grand" gehört, das die Hoffnung auf einen möglichen Wechsel der bitteren Lebenssituation implizierte. Immer wieder erstaunt mich das fehlende Jammern und Klagen der Menschen im Senegal über die eigenen schwierigen Lebensumstände. Die Menschen haften nicht mental in der Misere, erschweren sich diese nicht durch wiederholende Beschreibungen und verbale Ausbreitung. Außerdem kann ja morgen alles anders sein: Dieu est grand!

Wie würden sich die Menschen ohne diese in der Religion wurzelnde Leidens- und Hinnahmefähigkeit wohl verhalten? Ohne die relative Gewissheit der bescheidenen Solidarität des Familienverbandes? Vermutlich würde dann der stärkere Individualismus und die geringere Verbindlichkeit religiöser und traditioneller Werte zu stärker forderndem und aggressiverem Verhalten führen. Gelegentlich habe ich gedacht: Was würde ich in dieser schlimmen Situation tun? Um aus einer für mich oder meine Nächsten lebensbedrohlichen Lage herauszukommen, wäre ich gewiss bereit, gesellschaftlich gar nicht tolerierte Maßnahmen zu ergreifen.

Berichte über dramatische Lebensumstände enden gelegentlich mit der Formel "grawul", auch bei tatsächlich schlimmen Erfahrungen (grawul = nicht schlimm, zusammengesetzt aus dem französischen "pas grave", und der Wolof-Negationsendung -*ul*). Müssen afrikanische Menschen in Kindheit und Jugend mehr wegstecken? Erfährt der Senegalese in seiner Entwicklung im dichten Familienverband ein höheres Maß an Zurücksetzung, Demütigung, von Gewalt ganz zu schweigen, das verdrängt werden muss?

Mangi fi! - Ich bin hier! Das kann vielleicht schon viel sein.

Kanyalang

In Westafrika wie in anderen Teilen Afrikas hängt die traditionelle Bedeutung einer Frau in hohem Maße von ihrer Rolle als Gebärerin ab. Viele Kinder zu haben, vor allem viele Söhne, ist nicht nur hinsichtlich der Versorgung im Alter gut, sondern hebt den Status der Frau allgemein: vor ihrem Mann, vor den Mitfrauen, in der Dorfgemeinschaft etc., und dadurch den Status des Mannes ebenso.

Keine Kinder zu haben, keine Kinder bekommen zu können, ist für afrikanischen Frauen ein viel größeres Stigma als für europäische Frauen. Wenn sie diesen wichtigsten Teil ihrer Frauenrolle nicht erfüllen können, verlieren sie im traditionellen Rollenbild und auch im Selbstverständnis einen wesentlichen Teil ihrer Bedeutung als Frau.

Für diese Frauen, aber auch für solche, die ein oder mehrere Kinder verloren haben, hat sich in der westafrikanische Gesellschaft eine eigene Gruppe, eine Frauengesellschaft gebildet, die Kanyalang-Gruppe. In diese Gemeinschaft kann sich eine Frau begeben, um das Leid um ein verstorbenes Kind aufzufangen oder das Stigma der Unfruchtbarkeit zu mildern. Oder auch, um durch bestimmte Rituale (wieder) gebärfähig zu werden.

Die Kanyalang-Gesellschaft hat ihre eigenen Regeln und Riten, die von einer neuen Namensgebung über eigene Feste bis hin zu besonderen Rechten und Freiheiten gehen, die sich niemand anderes herausnehmen darf als diese Frauen.

"Meine Mutter war auch in einer Kanyalang-Gruppe. Kurz nach der Geburt ihres zweiten Kindes starb das erste; und nach der Geburt des dritten Kindes starb das zweite. Als auch das fünfte Kind stirbt, geht sie nach Guinea-Bissau in eine Kanyalang-Gruppe. Dort tanzt sie viel und bekommt bestimmte Speisen zu essen. Nach einem halben Jahr kommt sie zurück, wird bald schwanger. Sie hat noch vier Kinder bekommen; ich bin das dritte." *(Aissatou im Gespräch)*

Zugehörigkeiten zur Kanyalang-Gruppe, zumindest über eine begrenzte Zeit, sind sehr verbreitet. Es besteht kein Tabu, über die Kanyalang-Zeit zu sprechen; wer Geduld hat, interessiert und vertrauenswürdig ist, kann zu diesem Thema von den Frauen einiges erfahren. Und wer den Frauen der Kanyalang-Gruppe ein Fest finanzieren möchte, kann sicher sein, dass sie die Einladung annehmen und den "Spender" in einen ausgelassenen Abend mit viel Tanz und Scherzen einbeziehen werden.

Filmhinweis: Die Macht des Lachens ("Die frechen Frauen von Gambia") , 58 Min. http://www.felsfilm.de/

Polnische Eier im Senegal

Beim Frühstück im Gästehaus fällt es mir durch Zufall auf: Ein verblasster bräunlicher Stempel befindet sich auf dem Frühstücksei: PL. Ich staune: Ein Frühstücksei aus Polen! Nun gibt es im Senegal Zwiebeln aus Holland, Hähnchenfleisch aus Deutschland, Reis aus Vietnam oder Indien, bunte Afrikastoffe aus Belgien oder China usw. Aber dass gerade Eier, eine relativ schnell verderbliche Ware, die zudem auch von einem einheimischen Huhn hätte produziert werden können, auf den langen Weg von Polen nach Afrika geschickt werden, verwundert mich doch.

Mein Grundwissen über westliche Lebensmittelproduktion macht mir allerdings deutlich, dass das Zusammenspiel von industrieller Nahrungsproduktion und Subventionspolitik in Europa solche Export-"Auswüchse" hervorbringt, ja geradezu fordert.

Während ich hierüber reflektiere, laufen die Hühner des Nachbarn über den Hof der Gastgeberin. Es liegt ein so eklatanter Widersinn darin, im Angesicht der senegalesischen Hühner polnische Eier zu essen, dass tatsächlich nur das präzise Bewusstmachen der globalen Wirtschaftsgesetze diese Tatsache verstehbar, wenn auch trotzdem nicht wirklich verständlich macht. Regula, die Schweizer Gastgeberin[1], nimmt an den Überlegungen teil: "Hier sind Eier nicht so gefragt wie in Europa. Man hält die Hühner des Fleisches wegen, und auch da ist meist nicht viel dran."

Stimmt, die hinter ihrem Hahn hertrottenden vier Hennen wirken etwas dürr und abgerissen. "Für Futter geben die Senegalesen kein Geld aus; die Tiere bekommen Küchenabfälle, suchen sich Insekten oder anderes. Sie laufen in der Umgebung herum, haben farbige Stoffstreifen ins Gefieder eingebunden zum Wiederfinden, aber trotzdem kommen nicht immer alle zum Besitzer zurück."

Seit einiger Zeit hat auch das Fleisch der heimischen Hähnchen Konkurrenz aus Europa bekommen: Was dem Normgewicht unserer preiswerten Supermarkt-Hähnchenschenkel oder -brüste nicht entspricht, wird tiefgefroren und – natürlich subventioniert – nach Afrika verkauft.

Auch in diesem etwas abgelegenen Küstenörtchen gibt es ein einheimisches Geschäft, das tiefgefrorenes Hühnchenfleisch verkauft. Vor wenigen Tagen diskutierten einige Frauen in der Nachbarschaft anlässlich einer Festvorbereitung den Essensplan und entschieden sich, dort das Hühnchenfleisch zu kaufen und kein eigenes bzw. Nachbarhuhn zu schlachten. "Das ist billiger und macht weniger Arbeit", war der Kommentar auf meine Nachfrage. So wird der niedrige Fleischpreis des in europäischen Massenbetrieben produzierten Hühnchenfleisches durch die Exporte erst möglich oder andersherum: Mein Kauf von Hähnchenbrustfilets für 6,99 Euro pro Kilo unterstützt und fördert diese Exporte nach Afrika.

Und hier im Senegal? Kommerzielle Hühnerhaltung lohnt sich immer weniger. Für das westafrikanische Land Ghana gibt es entsprechende Untersuchungen und Dokumentationen[2] über den Ruin der einheimischen Hühnerzüchter aufgrund der Einfuhren aus Europa.

Natürlich gibt es Probleme mit der notwendigen Kühlkette. Die wird nicht wirklich überprüft, wenn das Fleisch einmal im Land ist. Stromausfälle, offen stehende Kühlkisten, angetautes, aufgetautes und wieder tiefgefrorenes Hähnchenfleisch – die zahlreichen Unterbrechungen fallen erst dann auf, wenn es zu massiven Häufungen von Krankheitsfällen kommt, die, wie in Ghana, auf den Zustand der Kühlkisten auf den Märkten zurückgeführt werden können.

Doch zurück zum polnischen Ei. Auf meine Nachfrage in der Boutique nebenan erfahre ich, dass die örtlichen Händler ihre Eierpaletten aus Gambia beziehen. Die geringeren Zölle auf Einfuhren in Gambia beleben den Schmuggel über die nahe grüne Grenze. Also kommt diese Reise noch zusätzlich auf die Wegeliste des Eies, das hier umgerechnet 15 Cent, in Gambia noch weniger kostet. Gefragt, wie lange denn die Eier auf der Ladentheke liegen, zuckt der Händler mit der Schulter: "Bis sie verkauft sind". Im Laden ist es ordentlich warm; eine Frau kommt herein, kauft Waschmittel, Reis und – drei Eier. Auf die Frage, was sie damit vorhabe, meint sie, die seien nicht für sie selbst, sie arbeite bei einem französischen Paar, welches gerne Eier esse. Wie ich, oder sollte ich vielleicht meine Gastgeberin bitten, keine Eier mehr zum Frühstück zu servieren …?

(1) Banku Musso, Gästehaus von Regula Trutmann in Abene: www. regula-trutmann.ch
(2) a) www.3sat.de/mediathek/?mode=play&obj=22510
b) Hähnchenreste auf Reisen: http://www.zdf.de/zdfzoom/zdfzoom-31954520.html
c) www.ardmediathek.de/tv/Doku-am-Nachmittag/H%C3%BCchner-Wahnsinn-Die-eiskalten-Gesch%C3%A4ft/Einsfestival/Video?documentId=17287474&bcastId=13980890

Warum es im Senegal gut ist, die Hemden zu bügeln

Sie sind schwer, die alten gusseisernen Ungetüme, mit denen die Frauen im Senegal die Wäsche bügeln. Diese Bügeleisen lassen sich zum "Befeuern" öffnen und mit glühender Holzkohle füllen. Wie Geräte aus Großmutters Zeiten, aus dem Museum für Haushaltsführung muten sie an. Der aufmerksame Reisende begegnet ihnen schon auf den großen Busbahnhöfen, wo sie sonderbarer Weise von den fliegenden Händlern als Reiseware angeboten werden. Auch auf den Märkten ist es kein Problem, eines dieser vorsintflutlichen Eisen zu erstehen.

Wer im Campement oder in einer Privatunterkunft seine Wäsche zum Reinigen gibt, wird sie in der Regel gebügelt zurückbekommen, auch die Wäschestücke, die es eigentlich nicht nötig haben und die der Reisende selbst wohl nicht bügeln würde. Selbst das bügelfreie Hemd kommt mit der gusseisernen Hitze in Kontakt und frisch geglättet zurück zum Besitzer. –

Dabei spielt nicht nur eine Rolle, dass das korrekte Outfit im Leben der Senegalesen sehr geschätzt wird. Das Bügeln schützt darüber hinaus den Träger des Hemdes oder den Benutzer der Bettwäsche vor unliebsamen Überraschungen. Denn gerne legt die Mango-Fliege[1] (Cordylobia anthropophaga) ihre Eier in die zum Trocknen auf den Boden ausgelegte feuchte Wäsche, von wo die kleinen Larven schnell und unbemerkt ihren Weg in die Haut des Wäschebenutzers finden. Dem fällt das erst auf, wenn sich anfangs kleine, dann größere Papeln auf der Haut bilden, die jucken und schmerzen können. Die Larvenentwicklung im Fleisch des Wirtes dauert mehr als eine Woche. Berührt man dann die verdickte Stelle, die durch die dunklen Atemlöcher des niedlichen Tierchens gekennzeichnet ist, bewegt es sich und kriecht hurtig etwas tiefer ins Gewebe.

Was ist zu tun? Hilfreiche Hinweise bietet die Regionalärztin der Deutschen Botschaft in Accra; in Ghana muss die Mango-Fliege (auch Tumbu-Fliege) eine viel größere Plage sein als im Senegal, da präzise Angaben zur Behandlung des Parasiten gegeben werden:

"Wenn man die Öffnung mit Vaseline – manche empfehlen auch Speckscheiben – verschließt und damit die Sauerstoffzufuhr stoppt, wandern die Maden etwas aus, sie kommen hervor und können in der Regel durch beidseitigen Druck auf die umgebende Haut wie ein

kleiner Fremdkörper entfernt werden. Im frühen Stadium wartet man eher etwas ab, da das Herausdrücken schwierig sein kann und Manipulation und verbliebene Reste eine heftige Entzündung auslösen können. Aus den möglichen Entzündungen können Narben resultieren." [2] [3]

Narben? Nein danke! Dann doch besser abwarten und zuschauen, wie der Mitbewohner im Körper wächst und gedeiht, und im geeigneten Moment die tödlichen Speckscheiben bereithalten. Oder eben die Wäsche bügeln lassen, am besten mit den schweren, gusseisernen Fliegeneiertötern. –

(1) Einen hohen Schaden verursachen die seit etwa 2004 im Senegal in größeren Mengen nachgewiesenen Ektoparasiten an den Früchten, nach denen sie benannt sind. Im Jahre 2006 lagen die Verluste bei 70% der Ernte. Im letzten Jahr seien bis zu 30 % der Früchte eines Mangobaumes im Lande durch den Befall verloren gegangen, erklärt der Präsident des Zusammenschlusses der Gartenbetreiber im Senegal, Cheikh Ngane, sie seien ungeeignet für den Verzehr, den Verkauf oder die nur in Ansätzen vorhandene Weiterverarbeitung.
Quelle: Le Quotidien 21. Juli 2014, S. 6 http://www.senagroportail.com/cheikh-ngane-president-cooperative-federative-acteurs-lhorticulture-du-senegal-il-urgent-quon-puisse-arriver-transformer-mangue

(2) http://www.wuestenschiff.de/phpbb/viewtopic.php?t=34986

*(3) Nur für **wirklich sehr interessierte** Leser: Zwanzig Würmer in einem Loch. YouTube-Filmchen über einen befallenen Hund, dem geholfen wird: http://www.youtube.com/watch?v=r8ZsAC111ic*

Vorsicht Geschlechtsdiebe!

Als ich vom "Geschlechtsräuber" zum ersten Mal in einer Reportage[1] las, hielt ich die Geschichte für einen originellen Fake, der vielleicht Bezug nahm auf einen alten Mythos oder ähnliches und hatte beim Lesen viel Spaß.

Dann machten mir die präzisen Angaben und der sachliche Stil klar, dass hier ein reales Vorkommnis zumindest zum Ausgangspunkt des Berichtes genommen worden war.

Von einem "Geschlechtsdieb" aus Guinea war die Rede; gut, dachte ich, im etwas rückständigen Guinea hatten sich vielleicht solche Vorstellungen, ein solcher Glaube an ominöse Zauberkräfte gehalten. Und vielleicht trauten einige Senegalesen den Marabouts ihrer südlichen Nachbarn tatsächlich diese bizarre Fähigkeit zu, das männliche Geschlechtsteil schrumpfen oder ganz verschwinden zu lassen. Der beschriebene Zaubertrick war denkbar simpel: Der Täter spuckt in die Hand, murmelt einen Spruch und drückt dem ahnungslosen männlichen Opfer die Hand. Dieses stellt kurz darauf fest, dass sein Geschlecht verschwunden ist. Damit aber nicht genug, dem verstörten geschlechtslosen Opfer präsentiert sich nicht lange danach ein Freund des "Geschlechtsdiebes" und bietet an, gegen eine gewisse Summe den Diebstahl rückgängig zu mache. Der hocherfreute Bestohlene willigt ein und ist bald wieder im vollen Besitz seiner Manneszier. Diese Geschichte war so bizarr, dass ich ihr unbedingt nachgehen wollte. Den entscheidenden Anstoß hierzu bekam ich durch einen Zeitungsartikel während meines Aufenthaltes in Dakar, der die Aktualität ebendieses Phänomens thematisierte und zudem deutlich machte, wie schnell die Überzeugung vom Geschlechtsdieb schlimme Tatsachen schaffen kann[2].

"Angeklagt wegen Geschlechtsraubes

I. Sy entgeht knapp der Lynchjustiz

I. Sy, der sich als Heiler ausgibt, hat gestern eine schlimme halbe Stunde im Randviertel Boustane von Kaolack verbracht. Vom jungen I. N. des Geschlechtsraubes bezichtigt und von einer aufgebrachten Menschenmenge verfolgt, entging er nur knapp der Lynchjustiz.

Die Merignac-Straße im Viertel Boustane in Kaolack erlebte gestern eine aufgewühlte Menschenmenge.

Der junge I. N., in lebhafter Unterhaltung mit seinen Freunden, wird von einem Unbekannten zur Seite geführt, wo dieser ihm die Hand drückt. Ohne Hintergedanken erwidert er die freundliche Geste. Als er wenige Augenblicke später "ein seltsames Gefühl unterhalb der Gürtellinie" verspürt, ahnt er Böses. Er vermutet, dass man ihm das Geschlecht gestohlen hat, alarmiert seine Freunde, die sofort eine Jagd auf den "Geschlechtsdieb" organisieren. Dieser, ein gewisser I. Sy, hat schon das Weite gesucht, wird aber bald in Gesellschaft von zwei Komplizen erwischt.

Der Tat überführt und angesichts einer ernsthaften Bestrafung durch die Menschenmenge, verspricht er, dem armen I. N. seine Männlichkeit wiederzugeben. Mit dieser Absicht will er nach Hause gehen und das Gegenmittel besorgen. Nur unter Bewachung gelangt er zu seiner Unterkunft, nicht weit vom Ort der Tat. Zurück am Krankenbett seines Opfers, gelingt es ihm nach zwei Versuchen, I. N. seinen "Familienschmuck" zurückzugeben. Tatsächlich bleibt das Geschlecht von I. N. nach dem ersten Versuch schlaff. Erst die Androhung von Schlägen bringt I. Sy dazu, dem Jungen die volle Manneszier zurückzuerstatten. Schließlich wird er durch eine geheime Tür mit seinen Komplizen abgeführt. Was I.N. betrifft, bleibt ihm ein großer Schrecken bei dem Gedanken, seiner Männlichkeit beinahe verlustig gegangen zu sein." (Übersetzung R.L.)

Der "arme I.N."? Oder doch eher der arme I. Sy.? Wer ist hier das Opfer? Reicht ein "seltsames Gefühl unterhalb der Gürtellinie", reichen Ahnung und Vermutung eines Einzelnen, um aus einem Mann einen „Täter" mit „Komplizen" zu machen, ihn zu verfolgen, zu ergreifen und ernsthaft zu verprügeln? Wie kann sich in kürzester Zeit auf der Grundlage eines "bizarren Gefühls" eines Einzelnen die handgreifliche Wut einer Gruppe solchermaßen auf einen Menschen richten?

Der "arme I.N."! Warum dachte niemand daran, auch er selbst nicht, den folgenschweren Vorwurf wenigstens kurz zu überprüfen, bevor es zu Verfolgung und Misshandlung kam?

Und welche Kriterien würden bei einer Überprüfung angelegt? Muss das Geschlecht ganz verschwunden sein? Oder liegt schon ein "Beweis" vor, wenn es ganz klein ist? Wie klein genau müsste es sein, um von "Diebstahl" zu sprechen? Mit diesen Fragen scheint sich niemand in der Gruppe des "Opfers" aufgehalten zu haben. Der überkommene Glaube an den Tatbestand "Geschlechtsdiebstahl" lässt weder Raum noch Zeit für Skepsis, rationale Überlegungen und Überprüfungen.

Die von A. Kreye[1] angebotene psychosozial und ökonomisch ausgelegte Erklärung zu dem berichteten Phänomen ist recht einleuchtend:

"Der Internationale Währungsfonds verhängte damals strenge Stabilisierungsmaßnahmen über die Region. Und Frankreich, das den westafrikanischen Franc an den französischen Franc angehängt hatte, senkte den Wert der Tochterwährung 1994 ganz einfach um die Hälfte. Dazu kam, dass in der Casamance durch den Krieg eine wichtige Wirtschaftsquelle weggefallen war – die Touristen, die bis in die frühen 90-er Jahre das ganze Jahr über die fast unberührte Landschaft bereist hatten oder sich in den Strandhotels von Cap Skiring vergnügten. Den Sickereffekt dieser Maßnahmen und Probleme bekam schon bald die lokale Wirtschaft zu spüren. Sehr zum Unverständnis der Land- und

Kleinstadtbevölkerung. Dürrekatastrophen oder Überschwemmungen hätten sie verstanden. Selbst den Krieg konnten sie noch nachvollziehen. Das waren ganz klare Gründe für Not und Armut. Doch abstrakte Wirtschaftsmaßnahmen? Da machte sich ein Gefühl der Machtlosigkeit breit. Und deren Extremform war die Angst vor den Penisschrumpfern."

Allerdings berücksichtigt dieser Erklärungsversuch nicht ausreichend den tief verwurzelten Glauben an die Wirksamkeit magisch-religiöser Praktiken in der Mentalität der meisten Senegalesen und in allen Ethnien. Bei der Lektüre der senegalesischen Tageszeitungen fallen die zahlreichen Berichte über Zauberpraktiken auf, die jeden dritten Tag zu lesen sind. Da es sich in der Regel um Nachrichten über gerichtsanhängige Verfahren handelt, kann man davon ausgehen, dass die Dunkelziffer um einiges höher ist. Die Berichte muten teilweise so bizarr und unglaubwürdig an, dass man sie für erfunden halten könnte, wie der folgende Bericht aus dem "Le Pop" vom 3. März 2009:

Student gibt eine halbe Million CFA einem Marabout, der vorgibt, mit den Geistern telefonieren zu können.

A.D., Student an der Uni Cheikh Anta Diop in Dakar, hat sich das Motto der Universität "Das Licht ist mein Gesetz" wohl nicht zu eigen gemacht. Von der mystischen Kraft des falschen Marabouts – aber echten Betrügers – Bocar Ba überzeugt, der ihm weismachte, mit den Geistern telefonieren zu können, hatte der Student 540.000 CFA (810 Euro) ausgegeben für Fürsprachen, die nichts bewirken sollten.

Nachdem er als Betrugsopfer einige Federn gelassen hat, wird der Student A.D. es sich mehrmals überlegen, ob er noch einmal den Dienst eines Marabouts in Anspruch nehmen wird. Denn er hatte nicht weniger als 540.000 CFA an den falschen Marabout Bocar Ba zu überweisen, der ihm Fürsprachen und hundertprozentigen mystischen Schutz versprochen hatte. Der Betrüger sah in dem Studenten eine "Milchkuh", von der er dann noch einmal 600.000 CFA verlangen konnte. Er wusste nicht, dass

A.D., der nach längerer resultatloser Zeit die Geduld verlor, sich in der Zwischenzeit der Polizei anvertraut hatte.

Dank des Einsatzes der "Spürnasen", die dem Kläger vorgeschlagen hatten, Bocar Ba eine Falle zu stellen, indem er ihn aufforderte, sich das Geld abzuholen, wurde der Marabout überführt. Vor Gericht gebracht, versuchte Bocar Ba nicht, das Offensichtliche abzustreiten. Er brüstete sich, ein bedeutender Marabout zu sein, er behauptete, nur die Summe von 50.000 CFA eingestrichen zu haben und stellte klar: "Ich habe ihm nie versprochen, alle seine Wünsche zu erfüllen." Und um seinen Worten Nachdruck zu verleihen, erklärte er dem Gericht: "Ich bete nur. Es ist Gott, der die Gebete erhört."

Der Vorsitzende nahm den Vorgeladenen beim Wort: "Da du dich als großer Marabout ausgibst und der Student seltsamerweise überhaupt keine Resultate wahrgenommen hat, wirst du ihm das Geld zurückerstatten." Dieser Vorschlag erregte allerdings den Zorn des Angeklagten Bocar Ba, der nach kurzem Zögern meinte, davon könne nicht die Rede sein.

Von der Wiederholung der dem Beklagten vorgeworfenen Taten überzeugt, erinnerte der Staatsanwalt daran, dass Bocar Ba in Thiaroye ein Zimmer gemietet hatte zum alleinigen Zwecke des Betruges der Mitbürger. Hinsichtlich der Beziehungen zu dem Studenten verwies der Ankläger darauf, dass der Betrüger den Opfern seine mystischen Kräfte dadurch vorspiegelte, dass er sie in den Wald führte und so tat, als würde er mit den Djinns telefonieren.

Überzeugt davon, dass die betrügerischen Machenschaften des Beklagten ausreichend belegt seien, forderte er eine Strafe von 3 Jahren Gefängnis im Gegensatz zum Verteidiger, der auf Freispruch wegen Mangels an Beweisen plädierte. In seiner Beschlussfassung erkannte das Gericht auf 6 Monate Gefängnis, ungeachtet einer weiteren Zivilklage. (Übersetzung R. L.)

Ich nahm mir vor, etwas mehr über den Zauberglauben im Senegal herauszufinden. Dass die senegalesischen Marabouts mit Amuletten, Gebetsversprechen, Tränken und weitergehenden Hilfestellungen alle möglichen Lebenswünsche ihrer Landsleute unterstützen und damit ihr Geld verdienen, wusste ich wohl. Dass auch solche Tricks dazugehörten, schien mir jedoch unglaubwürdig.

Nun brachte ich bei passenden Gelegenheiten immer mal wieder die Rede auf das Phänomen des "Geschlechtsraubes" und war erstaunt, mit welcher Offenheit und Überzeugung alle Angesprochenen die Existenz dieses Phänomens bestätigten. Und nicht nur das, die meisten Gesprächspartner glaubten an weitere, ähnlich absurde Zaubereien und behaupteten ernsthaft, selbst Zeugen der Zauberkräfte eines Marabouts gewesen zu sein.

Ein junger Mann, Ende 20, Grundschullehrer und sehr aufgeschlossen, war Zeuge, wie ein Marabout einen Stock in eine Schlange verwandelte; eine in nüchternem Denken geübte Geschäftsfrau erweiterte die Geschlechtsdieb-Theorie auf Frauen und war sich ganz sicher, dass der Geschlechtsdieb auch die Brüste der Frauen verschwinden und wiederkommen lassen kann. Bei einer Freundin sei das so gewesen. Eine intelligente junge Frau, Anhängerin eines erfolgreichen, gerade in Mode gekommenen Marabouts, hatte drei Wochen auf dessen Erdnussfeldern gearbeitet. Sie und die anderen jungen Leute, erzählte sie, hätten bei der Arbeit keine Angst vor Schlangen und Skorpionen gehabt, denn der Marabout hätte die Tiere für diese Zeit durch ein Gebet so besänftigt, dass sie seinen Anhängern nichts taten. Und nachts genügte es, mit einem Stock einen Kreis um die Zelte zu ziehen und ein Gebet zu sprechen, damit die gefährlichen Tiere nicht zu nahe kamen. Vom Geschlechts-diebstahl war sie ebenso überzeugt wie von speziellen Gris-Gris (Schutzamulette), die gegen Messerstiche unverwundbar machen, letzteres habe sie selbst gesehen ...

Die negativen sozialen Implikationen des Zauberglaubens macht folgender Sachverhalt deutlich: Ein seit längerem im Ort lebender Franzose war erkrankt; die Krankheit wurde allmählich schlimmer, er musste in seine Heimat fahren, wo er sich behandeln ließ, ohne dass eine Besserung eintrat. Sein Haus im Senegal blieb in der Obhut eines Angestellten und einer Zugehfrau. Letztere, fürs Saubermachen, Waschen und gelegentlich auch Kochen zuständig, hatte vor drei Jahren ihren Mann verloren. Dieser war an einer Krankheit gestorben, die mit unklaren Bauchschmerzen einherging. Wie oft im Senegal, wurde die Todesursache nicht eruiert. Der Hauswärter zeigte sich im Gespräch überzeugt, dass die Zugehfrau nicht nur für den Tod ihres Mannes, sondern auch für die Krankheit des Patrons verantwortlich sei. Deren bemutternde, manchmal etwas aufdringliche Art, ihr Bestreben, Ordnung und Sauberkeit nach ihren Vorstellungen im Haus zu regeln und ihr gelegentliches Auftauchen mit zubereiteten Mahlzeiten machten sie dem Angestellten so verdächtig, dass er mit ihr so wenig wie möglich zu tun haben wollte. Direkten Augenkontakt in den unumgänglichen Gesprächen vermied er. Die Frau sei auch im Ort isoliert, meinte er, sie würde hier keinen Mann mehr finden, da ein möglicher Kandidat Angst haben müsse, wie ihr gestorbener Mann von ihr vergiftet zu werden. Frauen könnten viel Macht mit der Essenszubereitung ausüben, da müsse man als Mann vorsichtig sein. Auch er war von dem Faktum des Geschlechts-diebstahls überzeugt, versicherte mir aber, dass ich diesbezüglich keine Angst haben müsse, denn bei Weißen funktioniere das nicht. Wie beruhigend! Und ich hatte schon daran gedacht, mir beim Marabout meines Vertrauens ein mächtiges Gris-Gris anfertigen zu lassen …

Das ganze Ausmaß der Bedeutung magischer Rituale in Westafrika lässt sich nicht annähernd einschätzen, vor allem, da man nicht gerne darüber spricht und die Praktiken im Verborgenen geschehen. Ich glaube kaum, dass man die Rolle der Magie im Westen Afrikas unterschätzen kann. Bücher wie "Die

Ökonomie der Hexerei" von David Signer oder "Voodoo im Strafraum. Fußball und Magie in Afrika" von Oliver G. Becker geben einen kleinen Einblick in dieses für die Beteiligten oft ruinöse[3] und für westliche Besucher wenig verständliche Phänomen. Selbst die Ebola-Epidemie wird derzeit in einigen der betroffenen Gebiete unter Einbeziehung traditioneller Heiler und magischer Praktiken "bekämpft". "Viele Menschen in Afrika hören traditionell eher auf Wunderheiler statt auf Krankenhausärzte" heißt es in dem online-Bericht "Aberglaube erschwert Kampf gegen Ebola"[4], in dem jedoch auch von Erfolgen im Kampf gegen diesen Aberglauben berichtet wird.

*(1) Adrian **Kreye**, Wenn der Penisschrumpfer kommt.*
  in: Geschichten vom Ende der Welt, S.48 - 59, Knaur TB 77771
(2) Le POP Nr. 2740 vom 15 Januar 2009 (Übersetzung: R. Lienemann)
*(3) Aus dem Artikel "König unter Druck" von Katrin **Blawat** in der Süddeutschen Zeitung vom 15. Januar 2014, in dem es u.a. um den Schutz bäuerlicher Herden vor Raubkatzen geht. "Eigentlich, so sollte man denken, wäre das nicht allzu schwer: Sicher umzäunte Gehege haben sich als sehr wirksam erwiesen. Nur ist diese Art der Viehhaltung bei den örtlichen Bauern alles andere als beliebt. Sogar wenn Einfriedungen bereits vorhanden sind, nutzen die Landwirte sie oft nicht, haben Sogbohossu (Ökologe an der Abomey-Calavi-Universität in Benin) und seine Kollegen beobachtet. Weit verbreitet ist dagegen eine bizarre Praxis: Da werden Schamanen bezahlt und sündteure Amulette gekauft, statt das Vieh in ein Gehege zu sperren. 'Jeder, den wir trafen, investierte große Summen Geld – im Durchschnitt etwa so viel, wie eine Herde pro Jahr kostet – in Zauberei', schreiben Sogbohossou und seine Kollegen in der Fachzeitschrift Mammalia. Solche Riten als Unsinn abzutun, sei indes der falsche Weg, um Mensch und Tier zu helfen, betonen die Forscher."*
(4) http://www.dw.de/aberglaube-erschwert-kampf-gegen-ebola/av17895618

Links, Literaturangaben etc.

Gästehaus Banku Musso: *www.regula-trutmann.ch*

umfassende Linksammlung zu Senegal:
http://liportal.giz.de/senegal

einige Buchtipps:
Henning Andresen, Staatlichkeit in Afrika.
Elisabeth Herrlein, Sunugal: Unser Boot
Rainer Lienemann, Weisheit im Buschtaxi
Patrick Marnham, Die Weißen kommen!
Volker Seitz, Afrika wird armregiert
David Signer, Die Ökonomie der Hexerei
Stefanie Raetsch, Staubsammler
Ulla Fels, Scherzbeziehungen

Filme:
Ulla Fels, Die frechen Frauen von Gambia
http://www.felsfilm.de/index.php?page=Die-Macht-des-Lachens

Gambia - Gut gemeintes Geld. Kleinkredite in Westafrika –
Dokumentation Niederlande 2009 arte,
http://programm.ard.de/TV/arte/gambia---gut-gemeintes-geld/eid_287247442401043#

Th. Uhlig u.a., Herr Abdoulaye. Eine Spurensuche im Senegal
Auf Youtube: https://www.youtube.com/watch?v=-RdvzKJmMlg

Moussa Touré, TGV-Express (1997)
    Trailer: *http://www.skip.at/film/1220/trailer_/?id=171*
ders., Die Piroge (2012)
    Trailer: *https://www.youtube.com/watch?v=yeTgWcMroHQ*

Reiseinformationen Senegal (frz.):
www.senegalaisement.com, www.au-senegal.com

Fragen und Feedback gern unter: toubab@posteo.de